Seguridad, higiene y protección ambiental en hostelería
MF0711_2

Segundo Riesco Rodríguez

Diseño y maquetación: Ediciones Nobel, S. A.

ISBN: 978-84-283-4111-0
Depósito legal: M-3059-2018
Impresión: Blauverd Impressors

Impreso en España

A mis padres Pilar y Segundo y a mi tía Mari por todo. A mi familia que siempre está ahí. Al profesorado y al alumnado, de los que aprendí y sigo aprendiendo.

Autor

Segundo Riesco Rodríguez (Oviedo, 1968) se formó como Técnico de empresas y actividades turísticas por la Escuela Universitaria de Asturias, y tiene los títulos de experto en Protocolo, Ceremonial y Organización de actos públicos y empresariales por la Universidad de Oviedo, de Postgrado de Turismo rural por la Escuela Universitaria de Turismo de Asturias; el título TEAT, expedido por la Escuela Oficial de Turismo de Madrid; el de Profesor colaborador del Instituto de Ciencias de la Educación de la Universidad de Murcia y el de Asesor/Evaluador para la acreditación de competencias profesionales adquiridas por experiencia laboral en el Principado de Asturias.

Emprendió su trayectoria profesional docente en el CIFP Hostelería y Turismo de Gijón como profesor de Enseñanza Secundaria de F. P. de Hostelería y Turismo, posteriormente continuó desarrollando su carrera en centros como los IES San Lorenzo de Huesca y Miralbueno de Zaragoza (Aragón), y los IES de Pravia e IES Valle de Aller en Moreda (Asturias).

Asimismo, ha desarrollado otras facetas como: gestor-enlace del programa SICTED (Sistema Integral de Calidad Turística en Destino) de TURESPAÑA en el IES Valle de Aller (2010 a 2016) y profesor de los cursos para la obtención del certificado de manipulador de alimentos del IES Valle de Aller (desde 2012).

Índice

Introducción normativa

La Ley Orgánica 5/2002, de 19 de junio, de las Cualificaciones y de la Formación Profesional fue el primer texto legislativo que reguló de forma exclusiva las enseñanzas profesionales en España. Una de sus novedades consistió en relacionar directamente la formación con el empleo, permitiendo las convalidaciones y equivalencias entre la Formación Profesional del sistema educativo, la Formación Profesional para el empleo y la experiencia laboral. Para poder desarrollar estas medidas se creó el Sistema Nacional de Cualificaciones Profesionales y dos instrumentos básicos: el Catálogo Nacional de Cualificaciones Profesionales y el Catálogo Modular de Formación Profesional.

Las Cualificaciones Profesionales responden a la iniciativa que impulsa el Marco Europeo de las Cualificaciones (EQF), para facilitar un espacio abierto de aprendizaje y de empleo, así como la adecuación entre oferta y demanda no solo a nivel estatal, sino entre los distintos países.

El Catálogo Nacional de Cualificaciones Profesionales ordena las cualificaciones profesionales, incluyendo el contenido de la formación profesional asociada a cada cualificación, de acuerdo con una estructura de módulos formativos articulados en un Catálogo Modular de Formación Profesional. Entre sus principales objetivos tiene el posibilitar la integración de las ofertas de formación profesional, adecuándolas a las características y demandas del sistema productivo.

Para conseguirlo, este Catálogo, además de identificar y definir las cualificaciones profesionales que requiere el sistema productivo, establece los contenidos formativos básicos que resultan necesarios para que las ofertas formativas garanticen la adquisición de las competencias profesionales apropiadas para el desempeño profesional.

Las Cualificaciones Profesionales se acreditan mediante "Títulos" de Formación Profesional del sistema educativo, y Certificados de Profesionalidad de Formación para el Empleo. Ambas acreditaciones tienen carácter oficial y son válidas en todo el Estado.

Los contenidos asociados a las cualificaciones profesionales constituyen el Catálogo Modular de Formación Profesional, que se estructura en módulos formativos.

Mediante la superación de los módulos formativos, diseñados en itinerarios específicos para cada Cualificación Profesional, se puede obtener el Certificado de Profesionalidad correspondiente. Además, se posibilita la convalidación de determinados módulos profesionales incluidos en los títulos de Formación Profesional del sistema educativo, asociados a Unidades de Competencia comunes.

El Certificado de Profesionalidad es, por tanto, el instrumento de acreditación, en el ámbito de la Administración laboral, de las cualificaciones profesionales incluidas en el Catálogo Nacional de Cualificaciones Profesionales, adquiridas a través de procesos formativos o mediante procedimientos de reconocimiento de competencias profesionales adquiridas por experiencia laboral o vías no formales de formación, regulados por el Real Decreto 1224/2009, de 17 de julio.

ESTRUCTURA DE UNA CUALIFICACIÓN

DATOS DE IDENTIFICACIÓN
Denominación
Nivel
Competencia general
Entorno profesional

UNIDADES DE COMPETENCIA		FORMACIÓN ASOCIADA
Unidad de competencia 1	⟷	Módulo formativo 1
Unidad de competencia 2	⟷	Módulo formativo 2
Unidad de competencia N	⟷	Módulo formativo N

Las cualificaciones profesionales se estructuran en unidades de competencia, que se definen como agrupaciones de tareas productivas específicas que debe realizar el profesional. Las diferentes unidades de competencia de un certificado de profesionalidad conforman la Competencia General, definiendo el conjunto de conocimientos y capacidades que permiten el ejercicio de una actividad profesional determinada.

Cada unidad de competencia lleva asociado un módulo formativo, donde se describe la formación necesaria para adquirir esa unidad de competencia, pudiendo dividirse en unidades formativas.

El módulo formativo es el bloque coherente de formación asociado a cada una de las unidades de competencia que configuran la cualificación. Cada módulo formativo tiene un formato normalizado que incluye los datos de identificación y las especificaciones de la formación que se incluyen en las ofertas formativas conducentes a la obtención de los certificados de profesionalidad.

DATOS DE IDENTIFICACIÓN:

- Denominaclón.
- Nivel de cualificación al que se vincula.
- Unidad de competencia a la que está asociado.
- Código alfanumérico y duración en horas.

ESPECIFICACIONES DE LA FORMACIÓN:

- Capacidades: expresión de los resultados esperados de las personas en situación de aprendizaje al finalizar el Módulo Formativo.
- Criterios de evaluación: conjunto de precisiones para cada capacidad que indican el grado de concreción aceptable de la misma. Delimitan el alcance y nivel de la capacidad y el contexto en el que va a ser evaluada.
- Contenidos formativos necesarios para adquirir las competencias a las que se asocia. Requisitos básicos del contexto formativo: espacios e instalaciones y perfil profesional del formador. Estos requisitos tienen carácter orientador para la normativa básica reguladora de las ofertas formativas.

El presente libro desarrolla el módulo formativo denominado *Seguridad e higiene y protección ambiental en hostelería,* MF0711_2.

Dicho módulo formativo transversal está asociado a las Unidades de Competencia UC0711_2, perteneciente a la Cualificación Profesional de referencia: HOT093_2, de nivel 2, incluida en el Certificado de Profesionalidad *Cocina;* HOT328_2, de nivel 2, incluida en el Certificado de Profesionalidad denominado *Servicios de restaurante,* y HOT327_2, de nivel 2, incluida en el Certificado de Profesionalidad denominado *Servicios de bar y cafetería.* Todas ellas se encuentran dentro de la familia profesional de Hostelería y turismo.

Según los Reales Decretos 1256/2009, de 24 de julio, modificado por el RD 685/2011, de 13 de mayo y por el RD 619/2013, 2 de agosto, y RD 1376/2008, de 1 de agosto, modificado por el RD 619/2013, de 2 de agosto, los contenidos que en esta obra se recogen se corresponden con una duración de 60 horas.

Tanto la estructura como el desarrollo del libro se ajustan a los citados reales decretos y más concretamente a los contenidos del módulo formativo que le da título *Seguridad e higiene y protección ambiental en hostelería,* MF0711_2.

Contenidos

1. Higiene alimentaria y manipulación de alimentos

— Normativa general de higiene aplicable a la actividad.
— Alteración y contaminación de los alimentos: conceptos, causas y factores contribuyentes.
— Fuentes de contaminación de los alimentos: físicas, químicas y biológicas.
— Principales factores que contribuyen al crecimiento bacteriano.
— Limpieza y desinfección: diferenciación de conceptos; aplicaciones.
— Materiales en contacto con los alimentos: tipos y requisitos.
— Calidad Higiénico-Sanitaria: conceptos y aplicaciones.
— Autocontrol: sistemas de análisis de peligros y puntos de control crítico o APPCC.
— Guías de prácticas correctas de higiene o GPCH. Aplicaciones.
— Alimentación y salud: Riesgos para la salud derivados de una incorrecta manipulación de alimentos. Conceptos y tipos de enfermedades transmitidas por alimentos. Responsabilidad de la empresa en la prevención de enfermedades de transmisión alimentaria.
— Personal manipulador: Requisitos de los manipuladores de alimentos. Reglamento. Salud e higiene personal: factores, medidas, materiales y aplicaciones. Vestimenta y equipo de trabajo autorizados. Gestos. Heridas y su protección. Asunción de actitudes y hábitos del manipulador de alimentos. Importancia de las buenas prácticas en la manipulación de alimentos.

2. Limpieza de instalaciones y equipos de hostelería

— Concepto y niveles de limpieza.
— Requisitos higiénicos generales de instalaciones y equipos.
— Procesos de limpieza: desinfección, esterilización, desinsectación y desratización. Productos de limpieza de uso común: Tipos, clasificación. Características principales de uso. Medidas de seguridad y normas de almacenaje. Interpretación de las especificaciones.
— Sistemas, métodos y equipos de limpieza: aplicaciones de los equipos y materiales básicos. Procedimientos habituales: tipos y ejecución.
— Técnicas de señalización y aislamiento de áreas o equipos.

3. **Incidencia ambiental de la actividad de hostelería**

— Agentes y factores de impacto.

— Tratamiento de residuos: Manejo de residuos y desperdicios. Tipos de residuos generados. Residuos sólidos y envases. Emisiones a la atmósfera. Vertidos líquidos.

— Normativa aplicable sobre protección ambiental.

— Otras técnicas de prevención o protección.

4. **Buenas prácticas ambientales en los procesos productivos de establecimientos de hostelería**

— Compras y aprovisionamiento.

— Elaboración y servicio de alimentos y bebidas.

— Limpieza, lavandería y lencería.

— Recepción y administración.

— Mantenimiento.

5. **Seguridad y situaciones de emergencia en la actividad de hostelería**

— Seguridad: Factores y situaciones de riesgo más comunes. Identificación e interpretación de las normas específicas de seguridad. Condiciones específicas de seguridad que deben reunir los locales, las instalaciones, el mobiliario, los equipos, la maquinaria y el pequeño material característicos de la actividad de hostelería. Medidas de prevención y protección: En instalaciones. En utilización de máquinas, equipos y utensilios. Equipamiento personal de seguridad. Prendas de protección: tipos, adecuación y normativa.

— Situaciones de emergencia: Procedimientos de actuación, aviso y alarmas. Incendios. Escapes de gases. Fugas de agua o inundaciones. Planes de emergencia y evacuación. Primeros auxilios.

6. **Gestión del agua y de la energía en establecimientos de hostelería**

— Consumo de agua. Buenas prácticas ambientales en el uso eficiente del agua.

— Consumo de energía. Ahorro y alternativas energéticas. Buenas prácticas ambientales en el uso eficiente de la energía.

1. Higiene alimentaria y manipulación de alimentos

Introducción

En este primer epígrafe o apartado del libro trataremos de dar una visión lo más completa posible de los aspectos más relevantes referidos a la Seguridad e Higiene alimentarias en empresas de hostelería desde diversos puntos de vista, es decir, partiendo de una aproximación obligada a la legislación alimentaria existente y con una introducción a los conceptos más básicos del tema (contaminación de los alimentos, limpieza y desinfección, materiales) se tratará el aspecto más importante: elaboración y seguimiento de un APPCC (documento básico sobre el que debe girar nuestro trabajo en este tema) así como reconocer la importancia del personal manipulador (principal agente y contribuyente al éxito de una correcta seguridad e higiene).

Contenido

1.1. Normativa general de higiene aplicable a la actividad de hostelería

Tras ingresar España en la Unión Europea, se produjeron múltiples transformaciones en la normativa general de higiene, por las que se asumieron y desarrollaron multitud de reglamentos, normas y órdenes que modificaban, en algunos casos sustancialmente, la legislación existente hasta ese momento.

Además, no debemos olvidar que, en salvaguarda de la seguridad alimentaria y la higiene en el sector de la restauración, se elaboran constantemente nuevas directrices para perfeccionar las existentes y responder a las necesidades de un sector en constante evolución, al que se le presentan situaciones, bien novedosas por el producto o la comercialización del mismo, bien extraordinarias en forma de intoxicaciones, plagas o riesgos sanitarios a los que las autoridades deben responder en un proceso normativo en constante evolución y perfeccionamiento.

Por último, debemos recordar que, además de esta normativa europea y nacional, las distintas Comunidades Autónomas y Ayuntamientos tienen potestad en algunos ámbitos para ampliar y detallar las normas superiores, por lo que pueden introducir especificaciones propias siempre que no contradigan dichas normas.

A continuación se muestran las principales referencias de la normativa general:

<u>Europa:</u>

REGLAMENTO (CE) Nº 852/2004 DEL PARLAMENTO EUROPEO Y DEL CONSEJO de 29 de abril de 2004 relativo a la higiene de los productos alimenticios. Concretamente en el anexo 2 – Cap. VIII sobre Higiene personal y en el Cap. XII sobre la manipulación de alimentos.

REGLAMENTO (CE) Nº 853/2004 DEL PARLAMENTO EUROPEO Y DEL CONSEJO de 29 de abril de 2004 por el que se establecen normas específicas de higiene de los alimentos de origen animal.

<u>España:</u>

Real Decreto 3484/2000, de 29 de diciembre, por el que se establecen las normas de higiene para la elaboración, distribución y comercio de comidas preparadas. Este R.D. cuenta con una modificación a través del R.D. 135/2010 de 12 de febrero.

También pueden resultar interesantes, a título consultivo:

Respecto a la distribución de comidas:

- **R.D. 2483/1986** de 14 de noviembre, por el que se aprueba la reglamentación técnico-sanitaria sobre condiciones generales de transporte terrestre de alimentos y productos alimentarios a temperatura regulada.
- **R.D. 1202/2005** de 10 de octubre, sobre el transporte de mercancías perecederas y los vehículos especiales utilizados en estos transportes.

Respecto a los productos alimentarios:

- R.D. 2207/1995 de 28 de diciembre, por el que se establecen las normas de higiene relativas a los productos alimenticios (vigente hasta el 28 de mayo de 2006).

Respecto a los manipuladores:

- R.D. 109/2010 de 5 de febrero por el que se modifican diversos reales decretos en materia sanitaria (entre otros, el R.D. 202/2000 que regula las normas relativas a la manipulación de alimentos) para su adaptación a la Ley 17/2009, de 23 de noviembre, sobre el libre acceso a las actividades de servicios y su ejercicio y a la Ley 25/2009, de 22 de diciembre, de modificación de diversas leyes para su adaptación a la Ley sobre el libre acceso a las actividades de servicios y su ejercicio.

Esta normativa es la aplicable a nivel general, no obstante, se ve complementada por otras desarrolladas a su amparo y que entran en detalle en otros aspectos más puntuales como residuos, materiales de limpieza, tratamientos de aguas, tratamientos de plagas. Para su consulta, al final del libro, incluimos unas direcciones útiles que pueden facilitar información a quien desee profundizar en las mismas.

1.2. Alteración y contaminación de los alimentos: conceptos, causas y factores contribuyentes

1.2.1. Conceptos

Es necesario definir en primer lugar cuándo se produce una alteración en un alimento y ésta se da cuando hay cambios en sus cualidades organolépticas y analíticas: sabor, composición, olor y color. Es fácil comprender que estas alteraciones, estos cambios, pueden ser de tres tipos:

- Alteraciones positivas: Son aquellas buscadas durante algún momento del proceso de elaboración o cocinado, por ejemplo las fermentaciones en los vinos, cervezas y quesos, la maduración en cámaras de determinadas carnes o el desarrollo de bacterias en los yogures.

- Alteraciones negativas: Son aquellas que resultan perjudiciales para los alimentos y degradan sus características, pudiendo llegar a ser peligrosas para la salud, por ejemplo el agriado de la leche, la putrefacción de las frutas o el enranciamiento de las grasas.
- Alteraciones indiferentes: Son aquellas que producen cambios en los alimentos que no afectan a la salud y se refieren a aspectos sin mayor importancia, por ejemplo el endurecimiento o solidificación de la miel por cristalización.

1.2.2. Causas

Los alimentos pueden alterarse por causas con diferentes orígenes:

- El medio ambiente: la contaminación de un alimento puede derivarse de la presencia de sustancias patógenas en las superficies, del uso de aguas no potabilizadas o en mal estado sanitario.
- Los seres vivos: desde los producidos por la intervención propia del hombre en su cultivo, manipulación y transporte hasta los derivados de los propios géneros, que pueden ser portadores de sustancias tóxicas y/o potencialmente peligrosas, caso de abonos, pesticidas y plaguicidas.
- Las contaminaciones provenientes de fábricas e industrias ajenas al cultivo y transformación de los alimentos; los casos más típicos (aunque afortunadamente cada vez menos frecuentes) son la contaminación de ríos y tomas de aguas por vertidos ilegales o mal depurados.

1.2.3. Factores

Pueden tener varios orígenes y llegar a alterar los alimentos por varias vías, que son las siguientes:

- La acción humana: una incorrecta manipulación de los alimentos, el uso de procesos inadecuados o la falta de precaución en el caso de contar con algún manipulador enfermo o portador de algún agente patógeno; los ejemplos son variados: toser o estornudar sobre los alimentos o sobre las manos que posteriormente manipulan géneros; el uso de maquinaria, utillaje o mesetas contaminadas; la falta de aseo posterior al uso del baño.
- La acción física: a través del aire se trasladan agentes patógenos de forma similar que a través del agua.
- La acción de animales: cualquier presencia o posible presencia de insectos (moscas, polillas, pulgas, cucarachas, escarabajos, hormigas, etc.), de roe-

dores o animales domésticos puede propiciar la expansión de gérmenes y derivar en una situación de riesgo para la salud.

1.3. Fuentes de contaminación de los alimentos: físicas, químicas y biológicas

Los alimentos pueden alterarse por diferentes causas:

- **Alteraciones de origen físico**: La presencia de temperaturas demasiado altas (calentamiento excesivo) o demasiado bajas (quemaduras por congelación), las pérdidas (deshidratación) o ganancias de humedad y las radiaciones luminosas (pérdida de vitaminas) pueden provocar la alteración de los alimentos. También pueden sufrir alteraciones de tipo mecánico (golpes, cortes, magulladuras). Es fácil comprender que algunas son inofensivas más allá de aspectos estéticos y otras pueden llegar a ser realmente peligrosas.
- Alteraciones de origen químico: por oxidación (en el caso del enranciamiento o en el caso de los vinos), cambios de color, olor, sabor o textura y los procesos que forman gases y ácidos en las latas de conservas.
- Alteraciones de origen biológico: pueden producirse por la intervención de insectos o roedores o por el efecto de los microorganismos que dan lugar, en este caso, a dos tipos de alteraciones: la fermentación y la putrefacción.

  La fermentación es una alteración que se produce por la acción de microorganismos sobre los hidratos de carbono (azúcares) del alimento. Mientras que la putrefacción se produce, también por la acción de microorganismos, sobre las proteínas de los alimentos. En algunos casos, la fermentación es parte del proceso para la elaboración de alimentos, como es el caso del queso, el yogur, las bebidas alcohólicas, etc. Los alimentos con mayor susceptibilidad de sufrir putrefacción son las carnes y pescados debido a su alto contenido en proteínas. Otros microorganismos que pueden alterar los alimentos son los mohos y las levaduras, que dan lugar a la formación de zonas algodonosas («pelusa») en las superficies y modificación del color, olor y sabor.

  En resumen, **fermentación** es el proceso por el cual se originan cambios sobre los azúcares del producto debido a la intervención de determinados microorganismos. Normalmente es la intervención humana la que busca estos cambios beneficiosos para el producto, que le otorgan características mejoradas, como por ejemplo la fermentación en los panes, los quesos y yogures, o las buscadas en las bebidas alcohólicas (por ejemplo el vino o la cerveza).

Y **putrefacción** es el proceso por el cual se dan cambios en las proteínas de los alimentos por la intervención de determinados microorganismos (por ejemplo en carnes o pescados); normalmente se detectan por un olor desagradable impropio del alimento en sí y por un color o textura anómalos.

1.4. Principales factores que contribuyen al crecimiento bacteriano

- Presencia de nutrientes en la composición del propio alimento: los microorganismos como el resto de seres vivos necesitan nutrientes para su crecimiento y estos (los nutrientes) se encuentran muy comúnmente en casi todos los alimentos. Así podemos decir que cuanto más rico en nutrientes (azúcares, hidratos, proteínas) sea un alimento, más fácil es que aumenten las posibilidades de generar y nutrir a los microorganismos indeseables.
- Humedad: Todos los microorganismos tienen, en mayor o menor medida, necesidad de agua para su desarrollo y crecimiento; por ello, tanto un ambiente con alto grado de humedad como los alimentos con alto contenido en agua son más propicios para la proliferación de los microorganismos (caso de climas o instalaciones con alto grado de humedad o algunos géneros como frutas u hortalizas); del mismo modo, climas o ambientes laborales con bajo nivel de humedad así como alimentos con bajo contenido en agua impiden o dificultan el crecimiento de los microorganismos.
- pH: los distintos microorganismos necesitan un rango de pH determinado en cada caso para su desarrollo y supervivencia, en la mayoría de los casos es el pH neutro.
- Oxígeno: Los distintos microorganismos tienen necesidades muy variables en cuanto la presencia del oxígeno para su desarrollo, que van desde varios porcentajes en algunos casos hasta la no presencia del mismo en otras. Los que necesitan oxígeno se conocen como aerobios y los que no requieren su presencia son los anaerobios, incluso existen algunos que pueden desarrollarse en ambos casos.
- Tiempo: Cuanto mayor sea el tiempo que permanezcan los alimentos en una situación no adecuada de conservación, mayor será la posibilidad de que proliferen los microorganismos; nos referimos a temperatura y grado de humedad principalmente.

- Temperatura: La temperatura media del cuerpo humano (36,5 º a 37º) es la ideal para la proliferación de los microorganismos; por ejemplo, las bacterias multiplican por dos su población cada 20 minutos en estas condiciones. Se sabe que a unos 65º los agentes patógenos empiezan a sufrir un debilitamiento y a 100º se mueren. Resulta por ello imprescindible mantener los alimentos perecederos en las condiciones de temperatura que cada uno de ellos necesiten, además de enfriar los alimentos a guardar, puesto que el frío no elimina las bacterias pero ralentiza su crecimiento.

1.5. Limpieza y desinfección: diferenciación de conceptos, aplicaciones

Aunque en un capítulo posterior se tratará en detalle el tema de la limpieza y la desinfección en cuanto a instalaciones y equipos, es necesario aclarar en este punto los conceptos por separado y las aplicaciones de los mismos.

Englobando ambas, puede decirse que son el conjunto de procedimientos a seguir para mantener unos niveles óptimos de higiene, eliminando la suciedad que se produce diariamente en el desarrollo normal de la actividad, en instalaciones, equipo y utillaje, en un negocio hostelero, a la vez que se evitan acumulaciones, en el caso de espacios de difícil acceso.

Limpieza: Es el conjunto de tareas encaminadas a eliminar impurezas, residuos y restos visibles de suciedad de las superficies de trabajo, utillaje y maquinaria.

Desinfección: Es el conjunto de métodos utilizados para destruir completamente o minimizar a niveles tolerables la presencia de microorganismos en superficies, instalaciones y utillaje, teniendo en cuenta que dichos microorganismos son microscópicos y, por ello, no detectables a simple vista.

Conclusión: No puede haber una limpieza profesional segura sin una posterior desinfección, del mismo modo que para desinfectar cualquier objeto o área es necesaria una limpieza previa.

Las aplicaciones de cada uno de los conceptos anteriores (limpieza y desinfección) deben realizarse, según lo visto, de forma conjunta, primero la limpieza y luego la desinfección. La diferencia de cada aplicación reside principalmente en la frecuencia de los procesos y los productos utilizados según superficies, materiales o instalaciones a sanear. Es fácil comprender, por ejemplo, que la limpieza y desinfección de utillaje (tablas, cuchillos, superficies, etc.) requiere una periodicidad mayor, llegando a ser diaria en determinados casos, respecto a la limpieza y desinfección de maquinaria que requiera el desmontado de piezas minucioso.

Del mismo modo, a la hora de realizar las aplicaciones pertinentes en la limpieza y desinfección de suelos o paredes, variará la frecuencia según sea solo limpieza o si se añade la desinfección al proceso. Hoy en día el avance y desarrollo de nuevos productos por parte de las industrias químicas permite, en ocasiones, simultanear ambas tareas, con productos que permiten, tras una limpieza previa estándar, una desinfección casi inmediata.

1.6. Materiales en contacto con los alimentos: tipos y requisitos

Los materiales que componen los distintos utensilios, aparatos y superficies que puedan entrar en contacto con los alimentos pueden ser de varios tipos en base a su composición. Pueden clasificarse de la siguiente forma:

- Metálicos: de acero inoxidable, aluminio u otros metales o aleaciones (alpaca, plata, oro). Por ejemplo, en mesetas, cuchillos, cubertería, marmitas, maquinaria etc.

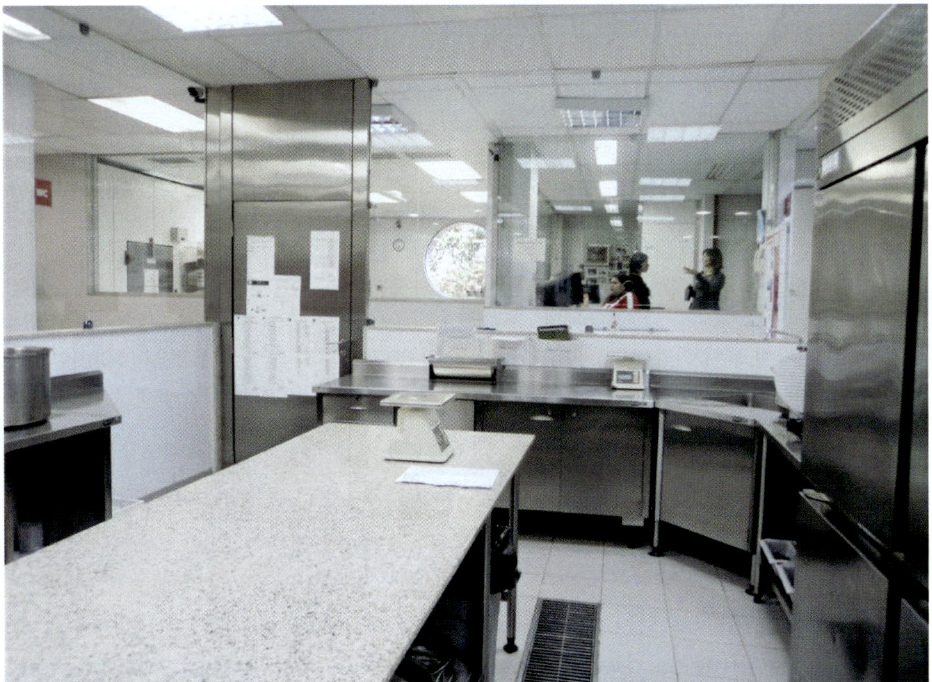

- Plásticos: con diversas composiciones químicas; caso de envases, utensilios o recipientes.

- Vidrio o cristal: en el caso de cristalería, recipientes o envases.
- Cerámica o porcelanas: principalmente en el caso de vajillas y recipientes pero con mayor presencia cada vez en diverso utillaje.
- Papel o cartón: en el caso de embalajes y envases alimentarios.
- Tela o fibras, naturales y sintéticas: paños, mangas y uniformes de trabajo.

1.6.1. Requisitos

Independientemente del tipo que sean, deben reunir los siguientes requisitos:

- Deben estar autorizados para el contenido o utilización con alimentos, y ello supone que deben cumplir el **Registro General Sanitario de** Empresas Alimentarias y **Alimentos y** el Real Decreto 191/2011, de 18 de febrero, sobre Registro General Sanitario de Empresas Alimentarias y Alimentos (BOE 8.3.2011), **de reciente creación.**

- **Su diseño y proceso de fabricación, así como los materiales empleados, deben simplificar al máximo las tareas de limpieza y desinfección correspondientes, además de facilitar (en los casos pertinentes) un desmontaje lo más sencillo posible.**
- **Su diseño y proceso de fabricación, así como los materiales empleados, deben garantizar en la mayor medida posible que se minimizan los riesgos de contaminación durante su vida útil.**
- **Los productos químicos de limpieza y desinfección deben mostrar claramente en sus envases las instrucciones de utilización, así como ser lo menos agresivos posible para superficies, materiales y la piel del manipulador; en caso necesario, indicarán la idoneidad de utilizar guantes, mascarillas o el material de protección necesario para su uso.**

1.7. Calidad higienicosanitaria: conceptos y aplicaciones

Para comprender y situar mejor el concepto de calidad higienicosanitaria, debemos empezar por acotarlo y dar una definición de lo que significa el concepto «calidad» por sí mismo en el ámbito de las empresas de servicios, y más concretamente en las empresas del sector de la hostelería.

Calidad es un «conjunto de características de un producto o servicio que le proporcionan la aptitud para satisfacer las necesidades del cliente».

De la misma forma, debemos conocer una definición del concepto «higiene», también en el ámbito del sector hostelero.

Se entiende por higiene de los productos alimenticios «el conjunto de medidas necesarias para garantizar la seguridad y salubridad de los productos alimenticios. Dichas medidas abarcan todas las fases posteriores a la producción primaria (entendiéndose por producción primaria los procesos de recolección, sacrificio, ordeño y similares), e incluyen preparación, fabricación, transformación, envasado, almacenamiento, transporte, distribución, manipulación y venta o suministro al consumidor».

Y para acabar, combinando ambos conceptos, calidad e higiene, podemos definir lo que será la Calidad Higienicosanitaria:

Calidad higienicosanitaria es «el conjunto las características que debe cumplir un producto alimentario para asegurar que su consumo no implica un riesgo de salud para el consumidor».

Hay aspectos a tener en cuenta que van a influir sobre la calidad higienicosanitaria de los alimentos y que conforman las distintas aplicaciones que componen la misma, es decir, son los espacios, materiales, condiciones y características que deben tenerse en cuenta para alcanzar una correcta calidad higienicosanitaria:

En todos los puntos siguientes se deben aplicar los conceptos de calidad, de higiene y de calidad higienicosanitaria:

1. Locales o zonas de trabajo:

El diseño, la construcción y las dimensiones de los locales por donde circulen los productos alimenticios:

- permitirán una limpieza y desinfección adecuadas, de tal forma que estén limpios y en buen estado;
- evitarán la acumulación de suciedad, el contacto con materiales tóxicos, el depósito de partículas en los alimentos y la formación de condensación o moho indeseable en las superficies;
- posibilitarán las prácticas correctas de higiene de los alimentos;
- dispondrán de unas condiciones de temperatura adecuadas para el tratamiento y el almacenamiento higiénico de los alimentos.

2. Ventilación:

Las instalaciones deben estar dotadas de medios apropiados y suficientes de ventilación natural o mecánica, evitando el paso de la corriente de aire de zona sucia a zona limpia.

También existirán sistemas de extracción de humos, vapores, olores, condensaciones, etc. Las campanas extractoras dispondrán de filtros para la retención de humos y grasas, los cuales deberán limpiarse y/o cambiarse periódicamente.

3. Iluminación

Los locales por donde circulen, se elaboren y almacenen productos alimenticios deben estar suficientemente iluminados por medios naturales o artificiales, y los elementos de iluminación estarán protegidos para evitar que puedan caer sobre los alimentos, en caso de rotura, así evitaremos peligros de tipo físico.

La intensidad de la iluminación debe ser la adecuada en cada zona, sin producir zonas de sombra para evitar accidentes.

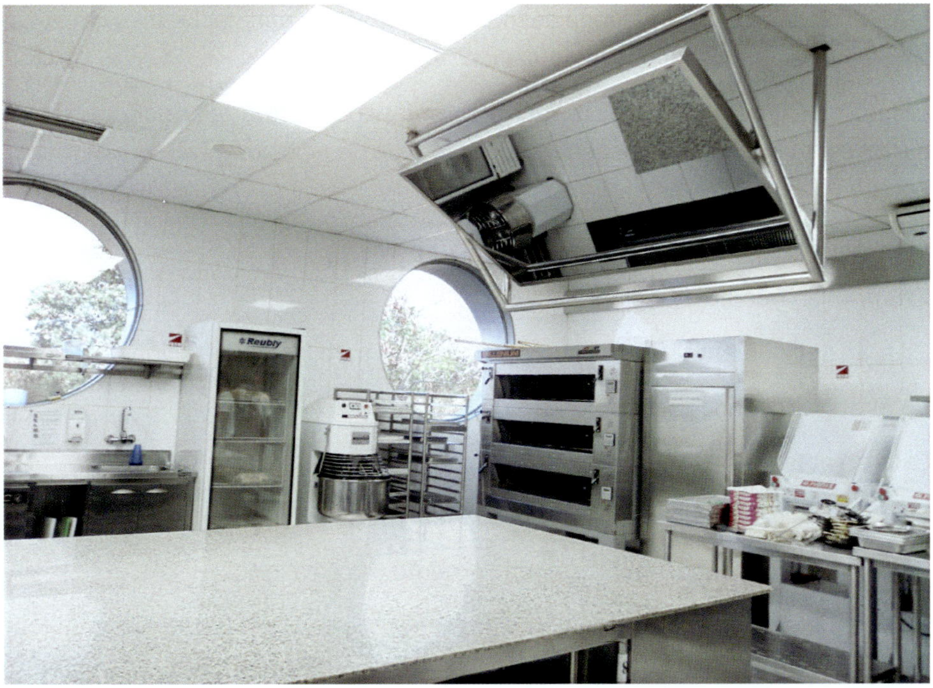

4. Paredes, techos y suelos

Estarán construidos con materiales resistentes, impermeables, no absorbentes, lavables y no tóxicos, serán fáciles de limpiar y desinfectar, y se conservarán en buen estado de mantenimiento. Se recomienda que sean de color claro para detectar fácilmente la suciedad.

Las uniones entre paredes, y de paredes con el suelo y el techo serán redondeadas para facilitar su higienización.

Los suelos dispondrán de sistemas eficaces de desagüe, con sifón y rejilla para evitar los malos olores y la presencia de plagas. Además serán antideslizantes para evitar accidentes.

Los techos y demás instalaciones suspendidas (tubos, lámparas, etc.) deberán ser de fácil limpieza y estarán dispuestos de tal forma que se evite la acumulación de suciedad.

5. Puertas, ventanas y huecos

En este apartado se incluyen también los huecos de ventilación y las claraboyas. Si algunas de estas estructuras tiene comunicación con el exterior, deben estar protegidas con mallas antimosquitos.

Las ventanas deben ser de fácil desmontaje y montaje para facilitar su limpieza. No se abrirán para facilitar la ventilación.

Las puertas tendrán sistema de cierre automático y deberán permanecer cerradas excepto cuando sea necesario por motivos de trabajo, y siempre el menor tiempo posible.

6. Lavamanos, servicios sanitarios y vestuarios

Existirán en número suficiente.

Estarán debidamente localizados y señalizados para la higienización de manos.

Deberán ser de fácil acceso.

Estarán dotados de:

- Sistema de accionamiento no manual (de codo, de pedal, de rodilla, etc.).
- Dispensador de jabón y agua corriente fría y caliente.
- Sistema de secado higiénico de manos; es recomendable el uso de toallas de papel de un solo uso.

Los servicios sanitarios no podrán tener comunicación directa con la zona de manipulación y dispondrán de ventilación adecuada, mecánica o natural, y de sistema de cisterna y desagüe. Es necesaria la presencia continua de papel higiénico y que la tapa de los inodoros permanezca cerrada cuando no se utilice, para evitar olores.

Cuando sea necesario, existirán vestuarios en número suficiente; en ellos habrá taquillas donde se guardará la ropa y el calzado, separando el de calle del de trabajo; estas taquillas serán de fácil higienización.

7. Equipos

Sus superficies se mantendrán en buen estado, serán fáciles de limpiar y desinfectar y estarán hechos de materiales lisos, lavables y no tóxicos ni corrosivos. El material ideal es el acero inoxidable.

Serán de fácil montaje y desmontaje para su limpieza, deberán tener el menor número de recovecos y ángulos posibles.

Su instalación permitirá la limpieza adecuada de la zona de alrededor. En cuanto a los fregaderos para el lavado de alimentos, deben estar diferenciados de otros, cumplirán las mismas características que el resto de los equipos y dispondrán de suministro de agua potable fría y caliente.

8. Suministro de agua

El agua usada en la elaboración y manipulación de productos alimenticios debe ser potable, conforme a lo establecido en el RD 1138/90 por el que se aprueba la Reglamentación Técnico-Sanitaria para el abastecimiento y control de calidad de las aguas potables de consumo público y el **Real Decreto 140/2003, de 7 de febrero, por el que se establecen los criterios sanitarios de la calidad del agua de consumo humano.**

En el caso de utilizar depósitos de agua, deberán cumplir los requisitos de materiales establecidos para el resto de instalaciones y equipos, dispondrán de tapa perfectamente ajustable, y su fondo tendrá la inclinación necesaria para facilitar su vaciado completo e higienización.

La cantidad mínima de cloro que contendrá el agua será de 0,2 mg/l y un pH cercano a 7.

Solo se podrá utilizar agua no potable para:

- Producción de vapor.
- Extinción de incendios.
- Refrigeración (aire acondicionado), pero no equipos de refrigeración de alimentos.

Las tuberías y grifos de agua no potable estarán claramente identificados y separados, y no podrá existir conexión con conducciones de agua potable para evitar su mezcla.

El hielo utilizado en alimentación se elaborará a partir de agua potable, no podrá manejarse con las manos, tampoco deberá mezclarse hielo con agua mineral, y debe estar contenido en recipientes que impidan su contaminación.

9. Tratamiento de basuras

Al lado de los puestos de trabajo existirán cubos de basura o contenedores provistos de tapa y apertura no manual. Estarán provistos de bolsas higiénicas con capacidad suficiente.

Cuando las bolsas se encuentren llenas se cerrarán y se sacarán a una zona destinada para tal fin; esta operación se realizará tantas veces como sea necesario a lo largo de la jornada laboral, y siempre al finalizar el día.

Los cubos de basura o contenedores, al finalizar la jornada de trabajo, se dejarán en los locales específicos (cuarto de basuras) y deberán ser higienizados diariamente.

Los cuartos de basura estarán diseñados de tal forma que sea fácil su limpieza y desinfección de acuerdo con lo establecido en el programa de higienización; además dispondrán de ventilación, desagües y sistemas que impidan la entrada de animales. Los residuos sólidos se separarán según su composición (vidrio, papel y cartón, plásticos, restos y desperdicios de alimentos, etc.) para que sean retirados por los servicios correspondientes. Los residuos líquidos se eliminarán por la red de saneamiento, pero los aceites utilizados en la elaboración de comidas se recogerán por empresas autorizadas para su reciclado.

10. Transporte de alimentos

Los receptáculos o contenedores de los vehículos utilizados para transportar los alimentos estarán construidos y diseñados de tal forma que permitan su limpieza y desinfección, deberán estar limpios y en condiciones adecuadas de mantenimiento, además tendrán en su interior un sistema de iluminación protegido.

Estos receptáculos no se utilizarán para transportar productos no alimenticios; además, entre unas cargas y otras se limpiará de una forma eficaz.

El vehículo de transporte estará en posesión de la ATP (autorización de transporte de mercancías perecederas), y en el caso de que transporte alimentos a temperatura regulada (refrigeración o congelación), será necesario llevar un equipo de medición de temperatura.

11. Recepción y almacenamiento

Se debe realizar una selección de materias primas o ingredientes evitando que sean origen de riesgos para la salud; se dispondrá de la documentación necesaria para poder acreditar al proveedor que nos suministra estas materias primas e ingredientes.

La recepción y selección de materias primas se realizará, si es posible, en un local o espacio destinado exclusivamente a ello.

Se deberá tomar la temperatura de los alimentos que necesiten temperaturas determinadas de conservación para confirmar que recibimos alimentos de forma correcta.

El almacenamiento de los productos alimentarios debe:

- Impedir que contacten con suelo, techo y paredes.
- Asegurar el mantenimiento de las temperaturas para su correcta conservación, tener la capacidad suficiente y las características necesarias para asegurar su calidad higienicosanitaria, y estar provistos de siste-

mas de control y registro de temperatura (termómetros) en lugares fácilmente visibles.

- Evitar la contaminación cruzada; así, se tendrán diferentes cámaras para los productos frescos y los elaborados, y en el caso de que no sea posible existirá una separación clara entre ambos. Asimismo, se separarán los productos que requieran diferentes temperaturas.
- Permitir el control de las mercancías almacenadas y las fechas de caducidad; así, debemos seguir el principio de que lo que primero entra es lo primero que sale.
- Seguir un plan de mantenimiento periódico, un programa de higienización y de control de plagas.

12. Envasado

Los materiales utilizados para el envasado de alimentos deben estar autorizados para su uso alimentario.

Los envases y recipientes utilizados para comidas preparadas se almacenarán en zonas determinadas de manera que queden protegidos de la contaminación.

Los envases de los alimentos deben estar en perfectas condiciones, rechazándose aquellos que presenten roturas, abolladuras, etc.

Las comidas preparadas que no sean consumidas en el establecimiento donde se elaboren, serán envasadas adecuadamente, dependiendo del procedimiento de conservación y de distribución.

En el caso de que sean envasadas en presencia del consumidor, se tomarán medidas necesarias para evitar su deterioro y protegerlas de la contaminación. Una vez abiertos los envases originales, el alimento se colocará en otro recipiente con su correspondiente cierre, y se identificará correctamente.

13. Etiquetado

Las materias primas y las comidas preparadas se ajustarán a lo dispuesto en la normativa vigente en materia de Etiquetado, Presentación y Publicidad de los Productos Alimenticios.

Para ello deberán ir provistos de lo siguiente en las etiquetas:

- Denominación de venta del producto.
- Lista de ingredientes.
- La cantidad de determinados ingredientes o categoría de ingredientes.

- El grado alcohólico en las bebidas con una graduación superior en volumen al 1,2%.
- Fecha de caducidad o de consumo preferente.
- La cantidad neta, para productos envasados.
- La fecha de duración mínima o la fecha de caducidad.
- Las condiciones especiales de conservación y de utilización.
- El modo de empleo, cuando sea necesario para hacer un uso adecuado del producto alimenticio.
- Identificación de la empresa: el nombre, razón social o la denominación del fabricante o el envasador o de un vendedor establecido dentro de la Unión Europea y, en todo caso, su domicilio (es importante el Número de Registro Sanitario).
- El lote.
- El lugar de origen o procedencia.

Recordemos que en la normativa española se establece que las empresas que elaboran, envasan, almacenan, distribuyen, importan, suministran y sirven comidas preparadas en un local propio o ajeno, para colectividades, otros establecimientos y puntos de venta, deben estar inscritas en el Registro General Sanitario de Empresas Alimentarias y de Alimentos.

Si las empresas venden comidas preparadas directamente al consumidor final, con o sin reparto a domicilio, quedan excluidas de la obligatoriedad de dicha inscripción, pero dispondrán de Autorización Sanitaria de funcionamiento antes del comienzo de la actividad.

Las máquinas expendedoras estarán debidamente identificadas, indicando de forma legible (de fácil lectura) y fácilmente visible, en la parte exterior de la máquina, el nombre y dirección de la persona o empresa responsable del abastecimiento y mantenimiento de ellas.

14. Tratamiento de las distintas materias primas

Este apartado se refiere a las condiciones de compra, recepción, almacenamiento preparación de los diferentes géneros:

- Pescados
- Carnes
- Productos congelados

- Aceites
- Huevos y ovoproductos
- Mantequillas y grasas animales
- Frutas y hortalizas
- Harinas y productos de panadería

Al ser un apartado contemplado en otros módulos formativos más específicos de los perfiles de cocina y servicios, aquí simplemente se enumeran a título informativo.

1.8. Autocontrol: sistemas de análisis de peligros y puntos de control críticos (APPCC)

Consideraciones generales del sistema APPCC

1.8.1. ¿Qué es el sistema de Análisis de Peligros y Puntos de Control Crítico?

El sistema de Análisis de Peligros y Puntos de Control Crítico es un sistema relativamente moderno que se comenzó a aplicar por la NASA en los años 60, en los primeros tiempos del programa espacial tripulado de los EE.UU., como un sistema para garantizar la salubridad de los alimentos para los astronautas. El sistema fue originalmente diseñado por la Compañía Pillsbury conjuntamente con la NASA y los laboratorios del ejército de los EE.UU. en Natick (Massachusetts).

Esta metodología fue presentada por primera vez, y de forma concisa, en la *National Conference on Food Protection* en 1971.

El sistema APPCC ofrece un enfoque sistemático, racional y con base científica para identificar, valorar y evitar los peligros que pueden afectar a la inocuidad de los alimentos, a fin de poder aplicar las medidas apropiadas para poder disminuir o eliminar estos hasta niveles sanitariamente aceptables.

Al dirigir directamente la atención al control de los factores clave que intervienen en la sanidad y calidad en toda la cadena alimentaria, el productor, el fabricante y los consumidores podrán tener la certeza de que se alcanzan y mantienen los niveles deseados de sanidad y calidad. Con este sistema se desecha el concepto tradicional de inspección del producto final como medio de verificar si nuestro producto es sanitariamente conforme o no. Este sistema, por el contrario, estudia los peligros que pueden presentarse en una determinada industria de forma específica y acorde a las características de la misma, aplicando medidas preventivas que se ajustan al peligro generado, con la ventaja añadida de poder corregir los posibles defectos en proceso, así como modificar y ajustar los controles, lo cual evita alcanzar etapas posteriores de producción e incluso su consumo.

Podemos, por tanto, definir el sistema de Análisis de Peligros y Puntos de Control Crítico (APPCC) como un método preventivo que controla de forma lógica, objetiva y sistemática la producción de una industria agroalimentaria (en nuestro caso un establecimiento de restauración colectiva), con el objetivo de producir alimentos sanos e inocuos para el consumidor.

Existen diferentes formas de denominar este programa, como son: Autocontrol Sanitario, ARICPC, ARCPC y APPCC, las siglas que mejor transcriben la terminología con que es conocido internacionalmente (HACCP, *Hazard Analysis and Critical Control Point*), y que se ajustan mejor al concepto y metodología de este sistema.

Si se determina que un alimento ha sido producido, transformado y utilizado de acuerdo con el sistema APPCC, existe un elevado grado de seguridad respecto a su calidad higienicosanitaria. El sistema es aplicable a todos los eslabones de la cadena alimentaria, desde la producción, procesado, transporte y comercialización hasta la utilización final en los establecimientos dedicados a la restauración o en los propios hogares.

Actualmente esta metodología es de aplicación obligatoria, según normativa europea, en todas las empresas con o sin fines lucrativos, ya sean públicas o privadas, que lleven a cabo cualquiera de las actividades siguientes: preparación, fabricación, transformación, envasado, almacenamiento, transporte, distribución, manipulación y venta o suministro de productos alimenticios.

Cabría pensar que esta metodología solo es aplicable o eficaz en grandes industrias, sin embargo, nada más lejos de la realidad. Las características del sistema y la experiencia desarrollada a nivel mundial y muy especialmente en las empresas hosteleras españolas (en gran porcentaje de tamaño medio-pequeño) reflejan que es perfectamente aplicable en PYMES, obteniendo beneficios no solo sanitarios sino económicos, al optimizar procesos acorde a la máxima calidad higienicosanitaria.

1.8.2. Beneficios que aporta el sistema APPCC

Entendiendo este sistema no solo como un requisito legislativo sino como una herramienta a disposición de las industrias, se generarán una serie de beneficios, entre los que cabe destacar:

- *Objetividad en la consecución de calidad*. Obviamente, en restauración colectiva no se puede entender la calidad si esta no contempla los aspectos higienicosanitarios de los productos que ofrece. La calidad sensorial, de servicio, etc., pierde su razón de ser si el alimento que se ofrece no es inocuo y sanitariamente aceptable.
- *Previene problemas sanitarios*. Se evita que cualquier consumidor enferme al consumir los productos que elaboramos. Sin contar con el coste casi irreversible que supone para un restaurante, empresa de catering, etc., ser el causante de una intoxicación alimentaria.
- *Incrementa la confianza en la seguridad de los productos*. Esta metodología supone una mayor tranquilidad para el consumidor que come fuera de casa.
- *Constituye un enfoque común en los aspectos de seguridad*. La metodología de este sistema está diseñada para no dejar posibles peligros sin control, lo que le hace ser tan eficaz.
- *Proporciona una evidencia documentada* del control de los procesos en lo referente a seguridad.
- Puede constituir una ayuda para *demostrar el cumplimiento de las especificaciones*, códigos de prácticas y/o la legislación, al tiempo que facilita el seguimiento y trazabilidad en caso de aparición de un brote de intoxicación alimentaria.

Dentro de los inconvenientes cabe mencionar el desembolso inicial para la empresa en concepto de asesoramiento y formación de su personal.

Sin embargo, se muestra como un método útil y eficaz, con beneficios netos económicos como pudiera serlo cualquier otro sistema de gestión de la calidad.

1.8.3. Principios teóricos del sistema APPCC

Definir el ámbito de estudio.

Formación de un equipo APPCC.

Descripción del producto.

Uso de los productos y estudio de los consumidores.

Elaborar y confirmar un diagrama de flujo.

Riesgos o peligros y medidas preventivas.

Fijar PCCs (Puntos de Control Críticos) y límites críticos.

Vigilancia y monitorización de PCCs.

Acciones correctoras.

Documentación.

Revisión y mantenimiento.

a. Definición del ámbito de estudio:

En esta fase se van a estudiar los productos y procesos, viendo los posibles peligros que atañen a los alimentos, y a definir la parte de la cadena alimentaria en la que se ubica la empresa. En nuestro caso, en relación con el sector de la restauración colectiva y atendiendo a sus características en España de forma general, la definición del ámbito de estudio se ha elaborado de la siguiente forma:

- En restauración colectiva se emplean todo tipo de materias primas, por lo que la diferenciación puede marcarse, por ejemplo, en los distintos tipos de restauración, comercial y social, y el tipo de población a la que sirven: niños, ancianos, adultos.
- Dentro de la cadena alimentaria, los establecimientos de restauración colectiva se ubican en la fase de transformación y manipulación.

b. Formación de un equipo APPCC:

Al involucrar este sistema de control a la totalidad de los trabajadores de la empresa hostelera, sin cuya colaboración e implicación plena sería imposible de implantar de forma correcta, es necesario hacerles ver desde un principio la importancia del mismo a través de:

- Introducción explicativa del mismo.
- Nociones básicas sobre su implantación.
- Formación continuada sobre APPCC.
- Resolución de dudas y problemas planteados en su implantación.
- Revisión y seguimiento de la implantación con evaluación constante y dinámica.

c. Descripción de los productos:

En el sector de la restauración colectiva todos los productos tienen cabida, utilizándose para su elaboración todo tipo de materias primas, por lo que no debemos descartar el incluir unos productos sí y otros no, y más hoy en día, que la incorporación de nuevos géneros es constante.

d. Uso de los productos y estudio de los consumidores:

En muchos casos se ha pasado de un uso estandarizado de determinados productos, métodos de cocinado y conservación a evoluciones constantes sobre esos puntos que hace necesario mantener al día el conocimiento de los géneros y sus nuevas aplicaciones.

Será de crucial importancia diferenciar dentro de la restauración colectiva, los que trabajan con población de riesgo (ancianos, niños, enfermos), dentro de los cuales podemos diferenciar claramente las residencias, colegios, guarderías y hospitales.

e. Elaborar y confirmar un diagrama de flujo:

Estudiaremos todas y cada una de las fases de producción de la empresa, información a partir de la cual desarrollaremos posteriormente los PCC específicos, imbricándolos con los PCC generales y tratando de seguir siempre un flujo sin marcha atrás (esto quiere decir que desde la recepción de los géneros hasta su presentación al cliente deberían evitarse los cruces de los mismos o coincidencia en el mismo espacio dentro de las características de cada local).

Un diagrama de flujo estándar de un negocio hostelero debería seguir el siguiente orden:

1. RECEPCIÓN DE MATERIAS PRIMAS
2. ALMACÉN DE MATERIAS PRIMAS
3. ACONDICIONAMIENTO DE MATERIAS PRIMAS
4. ELABORACIÓN EN FRÍO
5. ELABORACIÓN EN CALIENTE
6. ENFRIAMIENTO
7. MANTENIMIENTO EN FRÍO
9. MANTENIMIENTO EN CALIENTE
10. REGENERACIÓN
11. SERVICIO

f. Riesgos o peligros y medidas preventivas:

En esta fase deberán estudiarse y analizarse los riesgos existentes (en muchos casos genéricos para toda actividad hostelera pero en algunos puntos personalizables por cada empresa).

Del mismo modo, una vez que conocemos los riesgos a los que nos vemos sometidos en nuestra actividad y en nuestro negocio de hostelería, deberíamos aplicar las medidas preventivas para corregirlos, incidiendo especialmente en que no vuelvan a repetirse una vez corregidos.

g. Fijar PCC y límites críticos:

Los Puntos de Control Crítico general (PCC) son aquellos que se presentan en la mayor parte de las etapas de producción. Existen en la mayoría de las industrias independientemente del sector en el que desarrollen su actividad y son estudiados de forma independiente a las etapas de producción propiamente dichas.

Se han establecido 7 puntos de control crítico general siendo normalmente comunes a todas las empresas, y aplicándose de forma específica a cada establecimiento:

- Limpieza y desinfección
- Desperdicios
- Higiene del personal
- Mantenimiento higiénico de instalaciones
- Desinsectación/desratización
- Agua potable
- Transporte

h. Vigilancia y monitorización de PCC:

De nada serviría implantar el sistema, analizar y establecer los PPC si, posteriormente, sobre estos no se estableciera un sistema de revisión continua, vigilando su correcta implantación.

i. Acciones correctoras:

Es importante establecer unas medidas para solventar las posibles desviaciones del sistema en caso de producirse. En la mayoría de los casos es suficiente con aplicar de forma correcta el punto anterior (vigilancia) y consultar los manuales e instrucciones del sistema APPCC para corregir los errores o desviaciones detectadas.

j. Documentación:

Todo el estudio desarrollado en fases anteriores queda plasmado en cada empresa en una documentación, que refleja tanto las características funcionales y estructurales de la misma como la forma en que lleva a cabo su programa de autocontrol. Esta documentación servirá para sistematizar los métodos de implantación, seguimiento y análisis de un sistema APPCC.

k. Revisión y mantenimiento:

Este es un sistema vivo que debe mantenerse y optimizarse de forma continua y específica a cada empresa, por lo que deberá ser la misma quien realice esta fase, eliminando lo innecesario y añadiendo nuevo contenido, así como corrigiendo los puntos y características que se mantengan.

Los inspectores de Salud Pública verificarán la correcta implantación y mantenimiento del sistema APPCC; además siempre se cuenta con la posibilidad de contratar los servicios de una empresa experta en Salud e Higiene que sirva de asesor para el hostelero.

1.8.4. Implantación de un sistema appcc en un negocio hostelero

La base de un APPCC es tener perfectamente definidos los puntos de control crítico existentes en el establecimiento hostelero (cafetería, restaurante, hamburguesería, etc.) y vigilarlos para que no se desvíen de los límites establecidos, aplicando las oportunas correcciones en caso de que apareciera alguna desviación, sea más o menos significativa.

Este proceso de implantación debe ajustarse en todo momento a la realidad del establecimiento en el que se pretende adoptar el APPCC, considerando única y exclusivamente aquellas etapas, tecnologías, equipos y manipulaciones que realmente se realicen en la empresa. Es decir, el APPCC debe adaptarse al negocio cumpliendo unas condiciones mínimas genéricas y no al revés, no debe ser el negocio el que se adapte.

Definiremos un PPC como toda fase, etapa o proceso en el que es posible aplicar una medida de control y de esta forma eliminar o reducir un peligro hasta un nivel aceptable. Existen diferentes terminologías para denominar los PCC. En este caso vamos a adoptar una bastante extendida: PCCg (puntos de control generales) y PCCe (Puntos de control específicos). No obstante, es necesario señalar que con el cumplimiento de los generales sería suficiente para impulsar un APPCC en condiciones; los PCCe se referirían a productos concretos, fases de elaboración no estandarizadas y establecimientos con unas características atípicas.

Los ***puntos de control críticos generales*** son los siguientes y deben contemplarse en cualquier negocio, independientemente de sus características individuales:

1. Plan de limpieza y desinfección
2. Plan de desperdicios

3. Plan de higiene del personal
4. Plan de mantenimiento higiénico de instalaciones
5. Plan de desinsectación/desratización
6. Plan de agua potable
7. Plan de transportes

Estos puntos se desarrollan de forma independiente en los capítulos 1.11 (caso de higiene del personal), 2.2 (caso de mantenimiento higiénico de las instalaciones), 2.3 (caso de limpieza y desinfección y desinsectación/desratización), 3.2 (caso de desperdicios), 4.1 (agua potable).

Hay que señalar que cada uno de estos planes (dentro de un APPCC) no significa nada más que el desarrollo sistematizado de una serie de controles y análisis que nos obligan a introducir métodos de trabajo estandarizados. Por ello, si queremos analizar cuáles son los puntos de control críticos de cada uno de los planes, nos deberemos remitir a los capítulos reseñados anteriormente.

Únicamente desarrollaremos aquí una visión resumida de cada uno de ellos:

1. Plan de limpieza y desinfección:

La razón por la que se limpian y desinfectan las superficies que contactan con los alimentos y el ambiente es para ayudar al mantenimiento del control microbiológico. Si se realiza con eficacia y en el momento apropiado, su efecto neto será la eliminación o el control de la población microbiana. Generalmente, las superficies que contactan con los alimentos se verán y parecerán limpias cuando sean limpiadas adecuadamente. La estética no debe prevalecer sobre el objetivo primario de lograr el control microbiológico. Puede ser necesaria la toma de muestras de las superficies que contactan con los alimentos para confirmar aquello que los sentidos perciben como limpio.

Si una superficie permanece húmeda y contiene residuos de alimentos aumentará la población microbiana. El proceso de limpieza pretende eliminar estos residuos que proporcionan nutrientes para la multiplicación microbiana. Al mismo tiempo, este proceso puede también eliminar la mayoría de los microorganismos mediante la acción del lavado y del aclarado, especialmente si es seguida de una desinfección y secado.

2. Plan de desperdicios:

En primer lugar debemos plantearnos qué desperdicios se generan en nuestro establecimiento. Los residuos más habituales en restauración son restos de comidas, desechos de materias primas generados durante los procesos de acondicionamiento y preparación de las mismas, productos caducados y en mal estado, fruto de una inadecuada manipulación o conservación, envases y embalajes. Son también residuos los aceites de fritura usados, aunque puedan ser utilizados por otras industrias como materias primas.

Estos aceites deben ser recogidos por empresas autorizadas.

Como vemos la mayor parte de los desperdicios que se generan en restauración son materia orgánica, lo que facilita el crecimiento de microorganismos, pudiendo ser un importante foco de contaminación si estos no se evacuan o ubican en zonas separadas de las de elaboración.

En las zonas de preparación deberán existir cubos de basura, de cierre hermético y apertura no manual, con bolsas de basura de un solo uso, siendo evacuados a contenedores de basura, bien municipales o propios, de forma diaria evitando dejar desperdicios en los locales de trabajo.

Aunque los desperdicios se depositan en bolsas dentro de cubos, éstos acumulan una importante cantidad de suciedad, debido a bolsas que se rompen o rezuman por lo que será preciso limpiar los cubos y contenedores de forma periódica.

3. Plan de higiene del personal:

El sector de la hostelería es uno de los sectores en los que mayor grado de manipulación existe, si no es el que más. En otros sectores, diferentes procesos pueden llegar a estar totalmente automatizados, sin embargo aquí es difícil si exceptuamos algunos procesos en catering y la elaboración de productos de 5ª y 6ª gama.

La manipulación de alimentos es continua y se lleva a cabo durante mucho tiempo por lo que el manipulador pasa a convertirse en eslabón básico, bien por ser uno de los principales focos de contaminación por padecer alguna enfermedad o ser portador de la misma o bien por constituirse en un «elemento de transmisión» de la contaminación.

Zonas del cuerpo como piel, manos, pelo, oídos, nariz y boca son áreas con elevado número de bacterias, así como heridas, rasguños, granos, etc., que pueden ser vehículos de una contaminación bacteriana.

4. Plan de mantenimiento higiénico de instalaciones:

Las instalaciones, equipos y superficies deben ser considerados no solo por su idoneidad para el uso al que serán destinadas, sino también por el grado en el que faciliten las diferentes operaciones de limpieza y desinfección, trabajo, seguridad, etc.

Por ello es fundamental conocer los materiales, el proceso y las características de su composición para realizar un plan adecuado de higienización.

5. Plan de desinsectación/desratización:

Uno de los problemas que con cierta frecuencia aparecen en los establecimientos de restauración colectiva es la presencia de insectos y roedores. Estos animales tienen la capacidad de transmitir al hombre ciertas enfermedades, pues al comer, por sus excrementos o por simple contacto con los alimentos, los contaminan con diversos patógenos que podrían afectar a los consumidores.

Debido a esta capacidad de vehiculizar diversos microorganismos se les denomina vectores de contaminación.

6. Plan de agua potable:

Para la realización de un estudio lo más completo posible del agua usada en el establecimiento se deberán tener en consideración tres puntos:

1. Procedencia del agua.
2. Usos del agua.
3. Destino del agua utilizada.

En la mayoría de los casos, hoy en día, el abastecimiento de agua potable se realiza a través de servicios municipales que garantizan su potabilidad y establecen controles sobre la misma.

No obstante, existen 2 reales decretos que legislan sobre este plan: el Real Decreto 140/2003, de 7 de febrero, por el que se establecen los criterios sanitarios de la calidad del agua de consumo humano, así como el Real Decreto 1138/1990, de 14 de septiembre, por el que se aprueba la Reglamentación técnico-sanitaria para el abastecimiento y control de calidad de las aguas potables de consumo público, que incorporó a nuestro ordenamiento jurídico la Directiva comunitaria 80/778ICEE, de 15 de julio de 1980.

7. Plan de transportes:

En caso de existir vehículos de transporte, estos tienen dos utilidades esenciales dentro del sector de restauración colectiva, la de transportar las materias primas desde el punto de compra hasta el establecimiento, y la de distribuir los alimentos elaborados entre los distintos clientes o puntos de consumo.

No consideraremos transporte al movimiento de alimentos realizado entre las distintas dependencias de un mismo establecimiento.

El transporte de materias primas con vehículos propios deberá realizarse en condiciones tales que se garantice que las materias primas llegan al establecimiento en el mismo estado en el que se encontraban en el punto de compra. Para ello, y en el caso de alimentos que precisen frío, los vehículos deberán ser capaces de mantener la temperatura del producto estable, evitando en todo momento romper la cadena del frío, para lo que es necesario el uso de transportes isotermos o frigoríficos en función de las necesidades de la mercancía, de la duración del transporte y de las condiciones ambientales externas.

Las comidas elaboradas deberán ir envasadas de forma adecuada durante el transporte, a fin de evitar contaminaciones, perdidas de temperatura y derrames.

Todos los elementos utilizados en el transporte, desde los propios vehículos hasta bandejas, contenedores, etc., tanto de materias primas como de productos elaborados, deben ser considerados como parte integrante de las instalaciones del establecimiento y poseer sus propios sistemas de limpieza convenientemente documentados, así como los de desinsectación, desratización, mantenimiento, etc.

De la misma manera, el personal encargado del transporte, carga y descarga de los alimentos deberá tener la formación adecuada que garantice la realización de estos cometidos de forma higiénica y sin sumar riesgos.

Pasemos ahora a explicar los ***Puntos de control críticos específicos***; lógicamente, es imposible pormenorizar aquí los necesarios y exclusivos de cada uno de los posibles negocios de hostelería, de modo que recordamos que los PPC generales bastarían para encaminar el APPCC de forma correcta.

Vamos, pues, a señalar lo fundamental a partir de lo cual cada negocio, cada hostelero, deberá construir y analizar sus propios puntos específicos.

Los PCCe son todos aquellos que se identifican dentro de una fase de producción determinada. Para identificarlos, procederemos a la elaboración, de forma esquemática, de todas las fases de producción del alimento, desde que entran las materias primas hasta que la comida es servida. Esto se denomina **diagrama de flujo**.

El diagrama de flujo debe ser lo más completo posible, sin olvidar fases que pudieran resultar de interés, ya que la supresión de alguna etapa se realizará en el posterior estudio de las **tablas de gestión**, que son documentos estructurados en los que se estudia de forma sistemática cada una de las fases del diagrama de flujo, obteniendo los PCC específicos y relacionándolos con los PCCg de nuestro establecimiento.

La secuencia de apartados de una tabla de gestión es la siguiente:

Fase y número.

Peligro.

Medida preventiva.

Límite crítico o nivel objetivo.

Vigilancia.

Frecuencia.

Medida correctora.

Registro.

- *Fase y número*: en este apartado se ubicará cada una de las fases del diagrama de flujo.
- *Peligro*: se indicará qué tipo de peligros afectan a la fase en cuestión, omitiendo dicha fase si se llegase a determinar que no existe ningún peligro que le afecte. Se entiende por **peligro** cualquier cualidad que puede hacer que un alimento no sea seguro para su consumo.

  Atendiendo a su naturaleza, los peligros se pueden estructurar en biológicos, químicos y físicos.
- *Medidas preventivas*: se establecerán las medidas que se consideren oportunas para evitar los peligros que se hayan marcado para cada fase.
- *Límites críticos o niveles objetivo*: se deberá indicar un parámetro que cuantifique de manera efectiva que se está implantando una medida preventiva adecuada. Es conveniente utilizar el concepto de **nivel objetivo**, el cual es un parámetro que nos permite tomar una decisión y corregir una desviación antes de que se haya llegado al límite crítico, el cual, si se supera, en muchos casos va a indicar que se debe rechazar el producto o se debe destinar a otra producción, con el coste que esto conlleva. Desde el punto de vista sanitario, se puede llegar a superar un límite crítico que luego al aplicar la medida correctora no se corrija de verdad.
- *Vigilancia*: indicándose los métodos que se usarán para realizar la monitorización del peligro, estos pueden ser medidas directas de parámetros fisicoquímicos, como temperatura, pH, humedad, etc.; inspecciones visuales, olfativas, etc.; o estudios microbiológicos.
- *Frecuencia:* la frecuencia con la que se realizará la vigilancia de un determinado parámetro deberá ser la adecuada en cada caso, de forma que no se sobrecarguen los controles pero resulten efectivos.

- *Medidas correctoras*: se efectuarán cuando existan desviaciones de los límites críticos marcados. Es decir, cuando un PCC no esté bajo control. Las acciones correctoras son importantes para tener un sistema completo, pero sobre todo es preciso incidir en las medidas preventivas.
- *Registro*, de vital importancia en este sistema, pues nos permite estudiar de forma adecuada el origen de posibles deficiencias y corregirlas de manera idónea.

En restauración colectiva nos encontramos con una característica que le hace diferente a otros sectores agroalimentarios. Aquí vamos a manejar todo tipo de materias primas. En otros sectores los productos utilizados están más o menos restringidos, según sea el sector lácteo, cárnico, etc., pero aquí todas las materias primas tienen cabida, incluso, como ya hemos visto, productos de cuarta y quinta gama. Es cotidiano el uso de carnes, pescados, productos lácteos, cereales, aceites, frutas, verduras, etc., es decir, se van a manejar tanto productos perecederos como semiperecederos y no perecederos. Y no solo nos encontramos con una enorme variedad de materias primas, sino también con la obtención de una gran cantidad y variedad de productos finales.

Todo esto hace que realizar un estudio pormenorizado de cada uno de los productos empleados, desde que se reciben las materias primas hasta que se obtiene un determinado plato, sea una tarea compleja y poco práctica a la hora de su aplicación efectiva en lo que a APPCC concierne. Por este motivo, en la restauración colectiva, el estudio de la implantación del sistema APPCC lo enfocaremos a los procesos en lugar de dirigirlo hacia un estudio detallado de la obtención de cada plato (enfoque denominado internacionalmente *Process Approach*). Por ejemplo, consideraremos etapas de almacén pero la misma para todos los productos, diferenciando factores como la temperatura, estiba, limpieza, etc.; procesos de elaboración tanto en frío como en caliente, considerando la temperatura que los alimentos deben alcanzar en su cocinado; y etapas de enfriamiento y regeneración en las que aplicaremos el control en el tiempo y temperatura en que se realizan éstas.

En este momento ya tendremos toda la información necesaria para implantar un sistema APPCC (recordemos, análisis de peligros y puntos de control críticos) en nuestro negocio de hostelería. Como en muchos casos, desarrollar un sistema de calidad como este parece más farragoso y difícil al principio porque es cuando hay que realizar un trabajo exhaustivo de recopilación de datos, de análisis de multitud de factores y un trabajo de observación muy sistemático; pero la recompensa será tener el trabajo perfectamente organizado en aspectos no puramente de cocina y de sala (que suponemos que se conocen por formación o experiencia en el sector), sino en aspectos más arduos como seguridad e higiene, sistemas de control, calidad etc.

IMPORTANTE: Al final del libro, en el apartado de Anexos, se adjunta un modelo de cuadernillo con las fichas de control para controlar un sistema APPCC estándar; deben servir como guía para la aplicación en vuestras empresas tras la adecuación de las mismas a sus propias características diferenciadoras. Es decir, son un punto de partida para implementar el sistema.

Este cuadernillo también puede servir para implantar una GPCH (Guía de prácticas correctas de higiene), paso previo y simplificado a la implantación de un APPCC. Es solo un modelo del que existen múltiples formatos que se pueden obtener en asociaciones empresariales, organismos públicos sanitarios y empresas certificadoras.

CONCLUSIONES:

El Análisis de Peligros y Puntos de Control Crítico (APPCC) es un método preventivo, sistemático y estructurado que afecta a todo proceso de manipulación o fabricación de alimentos y permite garantizar su inocuidad.

Ventajas de implantar un APPCC:

Calidad e Higiene en la Manipulación de Alimentos

1. Permite eliminar o minimizar los peligros de contaminación de los alimentos a lo largo de toda la cadena alimentaria.
2. Permite localizar los lugares y momentos en los que se puede producir un problema.

   De ese modo es posible establecer las medidas preventivas o correctoras más adecuadas antes de que el producto esté ya fabricado o elaborado.
3. Permite ofrecer alimentos más seguros y de mayor calidad. Esto revierte en una reducción de costes (sanitarios, económicos, de imagen...).
4. Permite a los establecimientos cumplir con los requisitos legales que exigen disponer de un sistema de aseguramiento de la calidad.

Aspectos importantes para la aplicación correcta del sistema APPCC:

1. Cada plan debe ser específico para cada empresa, ya que no todas fabrican los mismos productos ni de la misma manera.
2. Debe estar diseñado por personas debidamente formadas y con suficiente experiencia. Tanto empresas de consultoría sanitaria como las autoridades correspondientes (Inspectores de Sanidad) pueden facilitarnos esta tarea.

3. No debe pasarse por alto ningún peligro.
4. Los PCC deben estar bien determinados. Un exceso de PCC conllevaría una carga de trabajo y un retraso nada recomendables.
5. Los límites aceptables y límites críticos deben ser medibles fácilmente y por métodos sencillos (por ejemplo, temperaturas, pH, cambios de color, etc.).
6. El plan APPCC debe revisarse periódicamente y siempre que haya cambios en los procesos o se introduzcan nuevos productos.

Vocabulario, acrónimos y términos de un sistema APPCC

- APPCC: Análisis de peligros y puntos críticos de control.
- PCCg: Puntos de control crítico general.
- PCCe: Puntos de control específicos.
- Diagrama de flujo: Es el esquema en el que se detallan en orden las fases por las que pasa un producto desde que entra en nuestras instalaciones hasta que lo servimos al cliente.
- Regeneración: Es un proceso cuyo objetivo es mantener la calidad del alimento, puede realizarse mediante múltiples sistemas y medios y el resultado dependerá del tipo de producto y tipo de envase.
- Límite crítico: el punto o medición a partir del cual se considera superado lo tolerable en una medición.
- Limpieza: conjunto de procesos, métodos y herramientas utilizadas para eliminar la suciedad visible.
- Desinfección: conjunto de procesos, técnicas y métodos empleados para higienizar, eliminar o en algunos casos disminuir al máximo la presencia de microorganismos.
- Desinsectación: es la técnica aplicada mediante agentes químicos, mecánicos o biológicos para eliminar insectos con la aplicación de medidas de saneamiento básico.
- Desratización: es la técnica aplicada mediante agentes químicos, mecánicos o biológicos para eliminar roedores con la aplicación de medidas de saneamiento específicas.
- Monitorización: Es el proceso por medio del cual nos aseguramos que nuestro proceder está encaminado adecuada y eficazmente hacia un resultado final, evitando las posibles desviaciones que pudieran presentarse.

- Inspectores de salud pública: personal de las distintas administraciones públicas con potestad para vigilar, supervisar y sancionar los incumplimientos en materia de seguridad e higiene.
- Vector: un agente de tipo orgánico (en este caso el hombre) que sirve como medio de transmisión.
- Fase: cualquier etapa de la cadena alimentaria, incluyendo los propios géneros, desde la producción hasta el servicio o consumo final.
- Peligro: característica física, biológica o química que puede hacer que el alimento se convierta en un riesgo sanitario.
- Parámetro: es un dato fijo que es tomado como **necesario** para analizar o valorar una situación.
- Frecuencia: Número de veces que se repite un suceso determinado en un intervalo de tiempo.
- Tolerancia: es el rango de niveles admisibles en la medición de algún proceso normalizado.

1.9. Guías de prácticas correctas de higiene (GPCH). Aplicaciones

Estas guías son un paso previo a la implantación de un sistema APPCC completo en una empresa, en este caso hostelera; podría decirse que son la versión simplificada de dicho sistema y facilitan la aplicación de los conceptos claves en seguridad alimentaria: características generales del establecimiento, condiciones que debe reunir y posibles peligros, así como las medidas de prevención para evitar contaminaciones y riesgos para la clientela.

De esta forma, con unas normas genéricas para toda empresa hostelera, cada negocio puede adecuarlas a sus características cumpliendo los mínimos en ellas detallados. Importante es señalar que, aun debiendo verse sometidas a la legislación comunitaria, nacional y autónoma, la organización privada u organismo público que las desarrolle puede adaptarlas a su realidad y entorno, por lo que pueden existir diferencias entre ellas, aunque nunca en los ámbitos de relevancia o en puntos clave.

Una guía de prácticas correctas de higiene debería contemplar los siguientes puntos:

A. Recepción de materias primas.

B. Conservación y almacenamiento.

C. Preparación, elaboración y cocinado.

1.9.1. Recepción de materias primas

La recepción de materias primas es el primer punto a controlar en la cadena de producción del establecimiento. Este control tiene que ser lo suficientemente eficaz para evitar la aceptación de mercancías defectuosas.

Para la recepción de mercancías se deberían establecer horarios determinados con el fin de que se pueda realizar un control efectivo en el momento de su entrada en el establecimiento, aunque esto en múltiples ocasiones no puede llevarse a cabo, dadas las características del sector, con un horario de reparto que puede variar en base a las rutas de los proveedores, horarios del establecimiento y situación. No obstante, sería deseable que siempre fuese la misma persona quien controlase esta recepción y, de no ser posible, que las personas que las realizasen siguiesen un método, esta GPCH, común.

En el control de recepción de materias primas se tendrá en cuenta generalmente:

a. Envasado y embalado correcto de la totalidad de los productos, sin más roturas que las fortuitas producidas por manipulación.

b. Etiquetado correcto (fecha, lote, condiciones de conservación, composición.)

c. En el caso de vegetales frescos, frutas, verduras y hortalizas no se aceptarán si los mismos presentan parásitos o anomalías que no puedan ser reducidos hasta un límite aceptable mediante los procedimientos normales de selección. Por ejemplo, es lógico que puedan presentar algunas hojas desechables o algún resto de tierra.

d. El vehículo y las condiciones de transporte deben ser correctas en lo referente a temperaturas y el estado higienicosanitario. Si durante la recepción se presentan dudas en relación a la mercancía, el hostelero siempre se podrá acercar hasta el vehículo para ver sus condiciones. Esto es importante hacerlo, al menos preventivamente, en las ocasiones en que las condiciones del reparto lo permitan de forma aleatoria.

e. Para alimentos refrigerados y congelados verificaremos la temperatura de recepción (refrigerados entre 0° y 5° con ± 2° C) y congelados (-18° C con ± 6° C). Es importante reseñar que los vehículos están obligados a llevar indicadores de temperatura; además, es fácil disponer de un termómetro propio para comprobarlo.

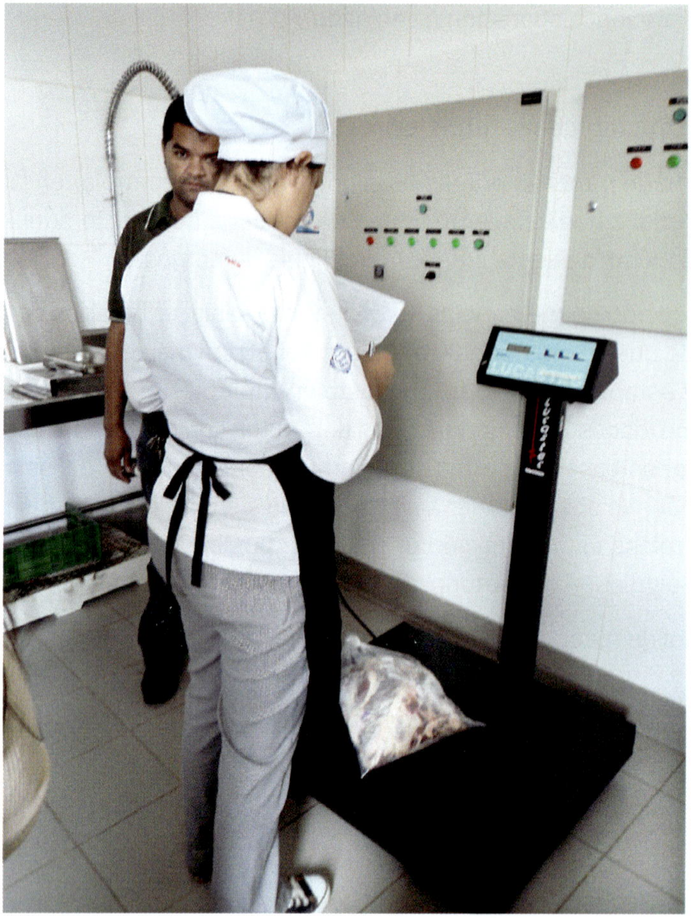

f. Bajo ningún concepto aceptaremos alimentos con síntomas de descongelación superficial. De ahí la importancia de realizar la recepción de congelados lo más rápidamente posible para evitar estos efectos si se producen en el momento.

g. Establecer horarios determinados con el fin de que se pueda realizar un control; esto supone muchas veces un obstáculo como se ha reseñado en la introducción de este apartado.

1.9.2.1. Parámetros generales de frescura de los alimentos

Pescado fresco:

Deben adquirirse preferiblemente enteros para, así, poder comprobar las características propias de frescura:

- Carne prieta y bien adherida a la piel y espina central.

- Las branquias han de lucir un tono rojo o rosado.
- Ojos brillantes no hundidos.
- Escamas bien adheridas.
- Olor característico a pescado fresco.

Crustáceos y cefalópodos:

Se recomienda hacer un control de las características propias de frescura:

- Moluscos bivalvos: valvas cerradas, enteras, olor característico, músculo adherido y aspecto esponjoso.
- Moluscos cefalópodos: piel brillante, húmeda y elástica, ojos vivos brillantes, músculos consistentes y elásticos.
- La langosta, bogavante, centollo, buey de mar y nécora deben comprarse vivos o cocidos y las hembras no deben llevar las huevas adheridas.

Carne fresca:

Las piezas deben presentar las características propias de frescura:

- Aspecto jugoso y coloración rojiza más o menos intensa.
- Consistencia firme.
- Brillo del corte.
- Olor propio.
- Ausencia de untuosidad.
- Ausencia de exudación anormal.

El reparto se realizara en camiones isotermos con las canales y medias canales colgadas.

Huevos:

- Huevos con cáscara entera, limpia y sin defectos.
- Se deben desechar aquellos que se presentan sucios, rotos, agrietados o con deformaciones de la cáscara.
- La fecha de consumo preferente debe estar impresa en la cáscara.
- Los establecimientos podrán comprar y utilizar huevos frescos siempre y cuando a los alimentos que se elaboren con ellos se les aplique un tratamiento térmico no inferior a 75° C en el centro de los mismos. La consecución de esta temperatura implica la coagulación tanto de la clara como de la yema.

Productos congelados:

- No deben tener síntoma de haber sufrido descongelaciones: formación de escarcha.
- Vigilar las coloraciones anormales (amarillentas o pardas en pescados, oscurecimiento de las carnes).
- No deben mostrar ablandamiento perceptible a la presión de los dedos.
- Tampoco roturas o desgarros.

Legumbres frescas:

- Deben tener la piel limpia, brillante y sin arrugas, estar exentas de impurezas y tener un calibre homogéneo.

Frutas y hortalizas:

- Deben estar limpias, sanas, identificadas y clasificadas de acuerdo con la variedad y la categoría comercial.

Normas para la descarga de mercancías y géneros:

- Los productos no se deben arrastrar.
- Los alimentos no deben estar en contacto directo con el suelo.
- Los alimentos pasarán inmediatamente a las cámaras, no debemos dejar que se rompa la cadena de frío.
- Introducir la mercancía inmediatamente en los almacenes y cámaras (refrigeradores), presentando los productos refrigerados y congelados con prioridad sobre el resto.
- No dejar las cajas de las hortalizas, frutas y verduras frescas en el suelo o zonas poco higiénicas.

1.9.2. Almacenamiento a temperatura ambiente

- Debe realizarse en un lugar fresco, seco y bien ventilado (evitar focos de calor, como motores, compresores, etc.).
- Rotar los alimentos: «lo primero que entra, es lo primero que sale».
- No almacenar nada en el suelo, ni siquiera las cajas, dejándolo libre para poder limpiar con facilidad.
- No utilizar estanterías de madera, ya que acumulan suciedad y dificultan la limpieza. Utiliza mejor estanterías de acero revestido o plástico que son más resistentes, duraderas y facilitan las labores de limpieza.

- Los productos de limpieza y otras sustancias peligrosas se almacenarán en lugar separado, de forma que no supongan un riesgo de contaminación para ningún producto.
- No almacenar en vestíbulos de acceso a servicios higiénicos, vestuarios ni cuartos de basura.
- Utilizar recipientes herméticos, de fácil limpieza, para las legumbres, harinas, cereales y azúcar, o la conservación en sus envases originales herméticos.
- En el caso de existir pequeños silos para el almacenamiento de patatas y similares, estarán construidos de forma que permitan su fácil limpieza y desinfección, así como que impidan el anidamiento de insectos.
- Los materiales desechables de servicio (servilletas de papel, vasos plásticos, platos plásticos, así como envases y papel de envasado, deben ser almacenados de forma que se evite el riesgo de cualquier tipo de contaminación o que se deposite polvo sobre los mismos.

1.9.3. Almacenamiento de productos en frío – temperaturas bajo cero (cámaras de congelación, refrigeradores y arcones)

Las materias primas o alimentos elaborados almacenados en cámaras y/o arcones de refrigeración y/o congelación que se vayan a utilizar para elaborar alimentos o posterior consumo, no se ubicarán en espacios destinados al público o clientes, a excepción de los expositores de postres y helados.

- Temperatura: –18° C, y en el caso de pescados congelados se recomienda realizarlo a –21° C
- Los alimentos deberán estar adecuadamente aislados del medio ambiente a fin de evitar las posibles contaminaciones cruzadas, así como la mezcla de olores y sabores.
- Los alimentos elaborados deberán estar adecuadamente etiquetados: identificación del producto, fecha de elaboración y fecha de consumo máximo.
- Nunca se deben introducir géneros calientes en frigoríficos en los que se conserven otros productos porque, al modificarse la temperatura interior, podrían proliferar microorganismos patógenos en los alimentos almacenados.
- Los productos almacenados deben estar al menos a 15 cm del suelo de la cámara, al menos a 50 cm del techo y siempre por debajo de nivel de los grupos de frío, con una separación de al menos 10 cm de las paredes de las cámaras y de 10 cm entre las diferentes pilas de productos.

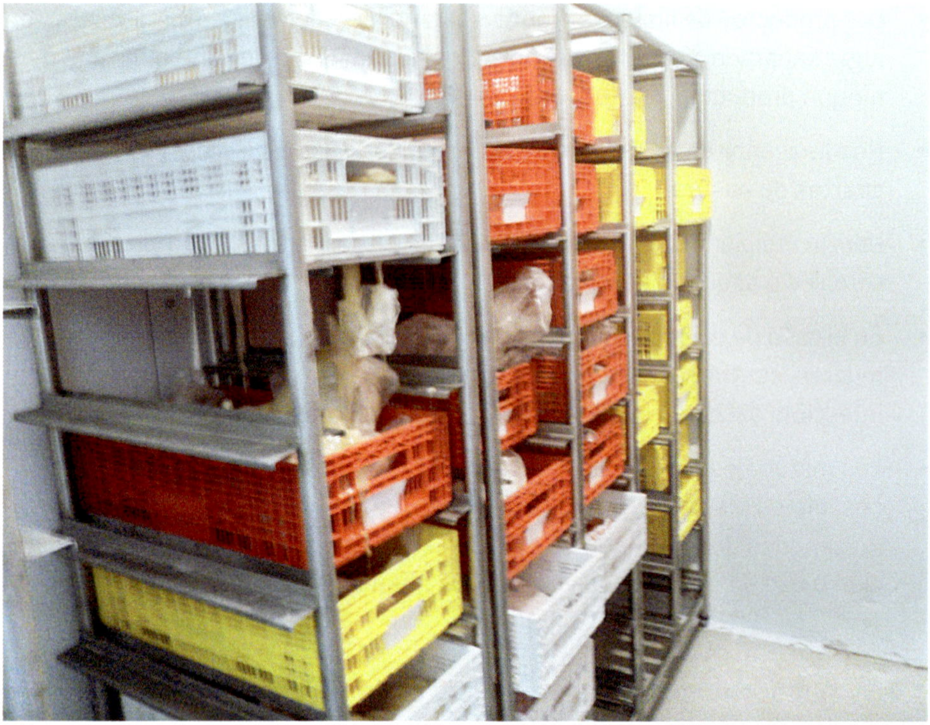

- Se debe realizar un control de las existencias en la cámara a fin de garantizar una adecuada rotación de las mercancías.
- También un control diario, con registro, de las temperaturas de las cámaras. Al menos dos veces al día (considerando la más importante la que se realiza al comenzar la jornada laboral antes de la primera apertura de la cámara).
- La tolerancia de las temperaturas puede ser de +2º C en la primera apertura.
- Se ha de mantener el sistema de iluminación del interior en adecuadas condiciones.
- No se deben volver a congelar alimentos que se hayan descongelado anteriormente.
- Se debe prestar especial atención en el almacenamiento cuando se realiza en arcones congeladores, cuidando la correcta circulación de aire. No se debe sobrecargar el arcón; se ha de mantener un orden adecuado de estiba y sin almacenar en bolsas de compra (se han de utilizar envases destinados específicamente para este fin).

1.9.4. Almacenamiento de productos en frío (cámaras refrigeradoras y expositores)

Las materias primas o alimentos elaborados almacenados en cámaras y/o arcones de refrigeración y/o congelación que se vayan a utilizar para elaborar alimentos o posterior consumo, no se ubicarán en espacios destinados al público o clientes, a excepción de los expositores de postres y helados.

- Se separarán los distintos tipos de alimentos en función de su origen, como carnes, pescados, frutas y verduras.
- Deberán estar adecuadamente aislados del medio ambiente (tapa o película transparente) a fin de evitar las posibles contaminaciones cruzadas, así como la mezcla de olores y sabores.
- Los alimentos elaborados deberán estar adecuadamente etiquetados: identificación del producto, fecha de elaboración y fecha de consumo máximo.
- Si están en una misma cámara: los crudos abajo y los elaborados arriba.
- Evitar almacenar productos que puedan coger olores como lácteos, aceites y ciertos tipos de carne con otros que los desprendan como los pescados.
- Nunca se deben introducir géneros calientes en frigoríficos en los que se conserven otros productos porque, al modificarse la temperatura interior, podrían proliferar microorganismos patógenos en los alimentos almacenados.
- No introducir cajas de cartón y de madera, ya que son materiales higiénicamente inseguros y no recomendables. No utilizar bolsas de la compra para el almacenamiento de alimentos.
- Como norma general, los diferentes alimentos refrigerados de origen animal (crudos, cocinados, semicurados e incluso algunos curados), serán almacenados a temperatura comprendidas entre 0º C y 4º C.
- Las frutas y verduras frescas se almacenarán a diferentes temperaturas, dependiendo del producto que se trate; en general se establecen una temperatura de 8º C.
- Como norma general, intentaremos almacenar separadamente los alimentos elaborados de las materias primas.
- Evitaremos mezclar productos y retiraremos enseguida los caducados, a pesar de estar envasados, para evitar confusiones y posibles usos problemáticos.

1.9.4.1. Normas de uso de las cámaras (de bajo cero – congeladores como refrigeradores)

1. No introducir alimentos calientes en las cámaras.
2. Abrir las puertas de las cámaras el mínimo tiempo posible.
3. Mantener el interior limpio y seco.
4. Controlar el hielo y la escarcha acumulada, ya que esta dificulta el enfriamiento y perjudica el funcionamiento de la cámara.

1.9.4.2. Medidas preventivas en el almacenamiento y conservación de productos enlatados (conservas y semiconservas)

1. Únicamente se utilizaran conservas de producción industrial.
2. Las conservas se almacenarán en un lugar seco y a temperatura ambiente, nunca a temperaturas superiores a 40° C. Y las semiconservas se almacenarán en refrigeración (máx.: 10° C). Nunca podrá incidir en ellas la luz directa del sol.
3. Ante una conserva con cualquier síntoma de alteración (hinchada, óxidada, abollada, que desprendan gas o líquido a presión a su apertura, olor desagradable o no típico, alteraciones de clores, falta de líquido), se desechará para el consumo y el manipulador en ningún caso la probará.
4. Recordar que la conserva industrial antes de su apertura se considera un alimento comercialmente seguro, pero que desde el momento de su apertura puede ser contaminado, por lo que se utilizará en su manipulación menaje limpio e higienizado.

   "Uno de los útiles de mano con más restos de materia orgánica suele ser el abrelatas".

   Por lo tanto mantendremos este utensilio en perfectas condiciones de limpieza.
5. Las latas de conservas, una vez abiertas, serán trasvasadas a recipientes de uso alimentario con tapa y mantenidas en refrigeración. Hemos de recordar que las conservas enlatadas, una vez abiertas, pueden provocar el enriquecimiento del alimento en metales pesados.
6. La duración de la conserva abierta y trasvasada en refrigeración no es eterna; recuerde que desde su apertura están sometidas a los mismos riesgos de contaminación y alteración que el resto de los alimentos.

1.9.5. Prácticas correctas de higiene, preparación, elaboración y cocinado.

1.9.5.1. Prácticas correctas de higiene en descongelación

- La descongelación se realizará a temperatura igual o inferior a 4º C.
- Está prohibida la descongelación a temperatura ambiente o por inmersión en agua (fría o caliente).
- Los microondas transmiten calor a través de una serie de rayos haciendo vibrar las moléculas de agua del alimento y haciendo que el producto se caliente en toda su masa. Se puede utilizar como método de descongelación para imprevistos.
- La descongelación debe realizarse en recipiente estancos de material de calidad alimentaria, con rejilla para la separación de los líquidos exudados en la descongelación y tapa o película protectora.
- Aquellos productos cuyas unidades comerciales están envasadas en bolsas o películas plásticas protectoras, éstas no serán retiradas durante el proceso de descongelación.
- Los recipientes utilizados en la descongelación serán higienizados antes de su uso.
- No se volverá a congelar un alimento que se haya sido descongelado.
- Todo alimento descongelado se almacenará en cámara a 2 º C-4º C hasta su utilización.
- Verduras y hortalizas congeladas: se añadirán a un recipiente puesto al fuego que contenga agua hirviendo y dicho recipiente no se retirará del fuego hasta que hayan transcurrido 10 minutos desde que el agua del mismo vuelva a hervir por segunda vez.
- En el caso de productos congelados de origen animal,(carne, pescado, empanadillas), podrán ser sometidos a tratamiento térmico directamente siempre que la intensidad y duración del mismo garantice una temperatura igual o superior a 75º C en el centro térmico del alimento.

1.9.5.2. Limpieza y desinfección de verduras y hortalizas

Se debe prestar especial atención a la limpieza y desinfección de las verduras y vegetales crudos, ya que debido a su procedencia (tierra de cultivo y agua de riego) pueden aportar gran cantidad y variedad de gérmenes, parásitos, restos de abonos y pesticidas, tierra, suciedad, etc.

Las verduras y vegetales crudos deben prepararse en una zona delimitada y separada de la zona de preparación de carnes y pescados, como norma general seguiremos estas pautas:

1. Eliminación de la suciedad, la tierra y los elementos podridos.
2. Lavado con abundante agua potable.
3. Eliminar agua sucia.
4. Inmersión en solución desinfectante de lejía APTA PARA USO ALIMENTARIO O DESINFECCIÓN DEL AGUA DE BEBIDA (exenta de detergentes y de cualquier otra sustancia tóxica, que debe verificarse antes de su compra mediante una lectura atenta de la etiqueta).
5. La dosis y tiempos de contacto deben ser los indicados en la ficha técnica o la etiqueta del producto.
6. Aclarar con abundante agua potable.

Utilización de huevos

1. Prohibido usar huevos crudos para alimentos que no van a ser sometidos a más de 75º C.
2. Mantener en refrigeración los huevos frescos tomando las medidas de aislamiento necesario para evitar contaminaciones cruzadas.
3. Sacar de la cámara solo los huevos que vayan a ser utilizados en ese momento.
4. No usar huevos rotos, sucios o con resto de excrementos.
5. Es obligatorio que los proveedores incluyan en la cáscara la fecha de consumo preferente y fecha de puesta, así como los códigos alfanuméricos que indiquen país de origen, la forma de cría y los datos de identificación de la explotación.
6. No lavar los huevos.
7. Limpiar y desinfectar los utensilios y recipientes una vez usados para huevos.
8. No romper el huevo en el borde del recipiente donde se va a batir ni separar las claras de las yemas con la propia cáscara del huevo.
9. Queda totalmente prohibido hacer salsa mayonesa con huevos crudos.
10. El almacenamiento refrigerado de los huevos frescos debería realizarse a temperatura igual o inferior a 5º C y se evitará la ruptura de la cadena

de frío para evitar la condensación de agua sobre los mismos y el posterior crecimiento de mohos en su interior.

Cocinado de alimentos

1. Establezca unos límites de tiempo y temperatura para el cocinado, dependiendo del sistema de cocción elegido, del producto y de la cantidad de alimento que se vaya a cocinar. Esta relación tiempo-temperatura deberá ser suficiente para garantizar que el producto dispuesto para el consumo no va a perjudicar la salud de los consumidores. Se recomienda alcanzar una temperatura de 70° C-80° C en el interior de las piezas.
2. Compruebe especialmente la temperatura del interior de piezas de gran tamaño de carne y pescado.
3. Deseche los restos de comida, nunca debería recalentarse un alimento más de una vez.
4. Recaliente, de forma que se alcance en el centro del producto y en el menor tiempo posible la temperatura de 75° C -80° C, las comidas ya cocinadas y que se han mantenido en refrigeración o congelación hasta el momento de su utilización. Esto servirá para destruir las formas vegetativas de los microorganismos patógenos que pudieran albergar.
5. Utilice recipientes constituidos por materiales autorizados para el contacto con los alimentos.
6. Proceso de enfriamiento: Reduzca la temperatura en el centro del alimento de 60° C a 10° C en menos de 2 horas. Si no dispone de abatidor de temperatura, enfríe el recipiente en el que se van a conservar los alimentos en un baño de agua fría (con hielo) e introdúzcalo posteriormente en los equipos frigoríficos.

Proceso de fritura

El proceso de fritura consiste en introducir los alimentos en aceite caliente y en presencia de aire. Precisamente por la presencia del aire, así como también por la acción de la temperatura y el agua que sueltan los alimentos, los aceites acaban degradándose. Los aceites degradados no solo modifican las propiedades organolépticas de los alimentos, sino que además pueden suponer un riesgo para la salud del consumidor por la formación de compuestos polares. Estos compuestos polares aumentan su presencia en los aceites conforme se vayan utilizando más.

Por todo ello, se recomienda:

- Utilice aceites de calidad y controle la temperatura del proceso evitando sobrecalentamientos bruscos e innecesarios.
- No espere a que el aceite haga humo para sumergir el alimento.
- Reponga frecuentemente el aceite que se va consumiendo, sobre todo si utiliza freidora.
- Tras su uso, filtre el aceite en frío para eliminar residuos sólidos y manténgalo tapado y protegido de la luz.
- Deseche el aceite cuando detecte olores y sabores desagradables u observe formación de espuma estable (indicaciones de alteración).
- Deseche el aceite cuando observe aumento de la viscosidad: el aceite en frío no fluye con facilidad.
- No vierta los aceites usados a la red de alcantarillado. Concierte la recogida con una empresa autorizada, trámite, por otro lado, obligatorio.
- La temperatura debe situarse entre 16º C y 180º C. No debe sobrepasar los 200º C.
- Utilice aceites vegetales, preferiblemente aceites de oliva virgen de baja acidez.
- Descarte el empleo de grasas saturadas (sebo o mantequilla) y de grasas hidrogenadas.

1.9.5.3. Recalentamiento y/o regeneración de alimentos cocinados

Las prisas y premuras de tiempo en el tratamiento térmico de los alimentos aparecen ligadas en ocasiones a toxiinfecciones alimentarias, debidas principalmente a:

- Mantenimiento a temperatura ambiente.
- Mantenimiento durante varios días en equipo de frío deficiente.
- En ocasiones, debido a regeneración térmica insuficiente de los alimentos ya cocinados.

Por lo tanto, es recomendable que los alimentos que se hayan preparado y cocinado sean consumidos de forma inmediata, pero en algunos sitios se suelen mantener un tiempo antes de su utilización o consumo por necesidades organizativas y de servicio.

Por todo ello, es recomendable que:

- El tiempo que transcurre desde su elaboración hasta su utilización ha de ser el mínimo posible.
- Nunca los mantendremos a temperatura ambiente, se mantendrán en el refrigerador, en el congelador o bien en caliente (temperatura superior a los 65° C).
- Cuando el alimento vaya a ser consumido se recalentará a 65° C y en el menor tiempo posible.
- Se desecharán los restos de comida y nunca se volverán a recalentar alimentos ya recalentados anteriormente.

1.9.5.4. Uso de termómetros sonda en la cocina

- En la cocina deberán existir termómetros para desarrollar las funciones de control de temperatura, tanto de cocinado y recepción de mercancías como de comprobación de almacenamiento a temperatura controlada.
- Los termómetros para utilizar en el control de temperaturas en la elaboración serán tipo sonda o infrarrojos y la capacidad de medida más adecuada debería cubrir un intervalo de temperaturas entre –18° C y 100° C.
- Los termómetros serán de materiales adecuados, no contaminantes, están terminantemente prohibidos los termómetros de mercurio y similares por el riesgo de contaminación en caso de rotura.
- El termómetro se mantendrá en perfectas condiciones de limpieza.
- Para asegurar que alcanza una temperatura de cocinado suficiente (superior a 70° C) en el interior del producto, las sondas serán introducidas en el núcleo del producto; esta medida puede ser eficaz para alimentos de cierto volumen.
- Hoy en día existen termómetros de aguja (que se introduce hasta el punto donde se desea medir la temperatura) y de infrarrojos (en los que basta con apuntar al género).

1.9.5.5. Elaboración de géneros en frío

La elaboración de comidas preparadas para consumo en frío, los llamados platos fríos, es una actividad que precisa de unas condiciones de higiene rigurosas; además es importante que la elaboración sea un proceso rápido, de consumo inmediato o de almacenamiento frigorífico:

- Es primordial en el desarrollo de esta actividad determinar de antemano las zonas y mesas de trabajo en las que se realizarán las manipulaciones.
- En el caso de no existir zonas y mesas de trabajo de uso exclusivo para la elaboración de platos fríos, esta no podrá coincidir con la realización de otras actividades con el fin de evitar los riesgos de contaminación cruzada.
- El proceso debe ser: LIMPIEZA—RAPIDEZ–MANTENIMIENTO EN FRÍO.
- La preparación de los platos fríos se realizara con la mínima antelación posible y se mantendrán refrigerados hasta el momento de su utilización.
- Queda totalmente prohibida la utilización de útiles de madera o con mango de madera.
- Es recomendable en este tipo de plato la utilización de guantes de un solo uso.
- Se deben utilizar toallas de papel desechable para el secado de manos.
- Si dispone de cuartos climatizados para esta tarea, deben mantener una temperatura ≤15° C.
- Los platos para consumo inmediato con salsas frías o mayonesas serán mantenidos en refrigeración, a una temperatura de 4° C, hasta el momento de su consumo, y a las 24 horas serán desechados obligatoriamente.

1.9.5.6. Exposición de alimentos preparados

- El equipo de exposición de comidas preparadas sin envasar contará al menos con vitrina de protección que impida la contaminación por contacto directo con los clientes sobre los alimentos expuestos.
- En los expositores de comidas preparadas es deseable que no existan elementos decorativos que puedan suponer un incremento de la carga microbiana. En el caso de utilizarse, estarán elaborados o fabricados con materiales de calidad alimentaria y adecuadamente higienizados.
- Los expositores de comidas preparadas serán sometidos diariamente a procesos de limpieza.
- En el caso de expositores calientes con agua como elemento transmisor del calor, esta será cambiada diariamente.
- Las comidas preparadas deben ser desechadas del consumo a las 2 horas de su puesta en exposición en el bufé para el consumo del cliente.

- Las comidas no tratadas por procesos térmicos y las comidas tratadas térmicamente y enfriadas inmediatamente después de su preparación se mantendrán en refrigeración a una temperatura comprendida entre 0° C y 4° C.
- Las comidas tratadas térmicamente o no, y mantenidas en congelación, se mantendrán en equipo frigorífico a temperatura ≤-18° C.
- Los platos cocinados mantenidos en caliente deberán estar a una temperatura ≥ 65° C. Estos platos serán desechados para el consumo al final del día de su cocinado o regeneración térmica.
- Dentro del programa de control de temperaturas, se realizará el control diario y registro de las temperaturas del equipo de exposición a temperatura regulada (tanto frío o caliente).
- Cada plato preparado o tipo de producto deberá disponer de utensilios específicos para servirlo y evitar así posibles contaminaciones cruzadas.
- Las sobras pueden contener un número elevado de microorganismos por lo que no habrá que exponer más cantidades de las necesarias.

Diagrama - Esquema de flujo de cocina central

1. RECEPCIÓN DE MATERIAS PRIMAS.
2. ALMACENAMIENTO DE MATERIAS PRIMAS.
3. ACONDICIONAMIENTO DE MATERIAS PRIMAS.
4. ELABORACIÓN EN FRÍO / 5. ELABORACIÓN EN CALIENTE.
6. MANTENIMIENTO EN FRÍO / 7. MANTENIMIENTO EN CALIENTE.
8. ENVASADO EN TERMOS Y RECEPCIÓN/LIMPIEZA DE LOS MISMOS.
9. TRANSPORTE DE COMIDAS ELABORADAS.
10. RECEPCIÓN DE COMIDAS ELABORADAS.
11. MANTENIMIENTO DE COMIDAS ELABORADAS.
12. SERVICIO DE LOS ALIMENTOS.

Las fases 4 y 5 pueden desarrollarse individual o simultáneamente del mismo modo que las fases 6 y 7.

Decálogo de la OMS para la preparación higiénica de los alimentos

la Organización Mundial de la Salud (OMS) establece una serie de normas encaminadas a prevenir la aparición de enfermedades de transmisión alimentaria debidas a una deficiente manipulación. Estas normas se conocen con el nombre de «Reglas de Oro» y, aunque suficientemente asumidas en nuestro contexto, no está de más recordarlas:

1. **Utilizar alimentos tratados o manipulados higiénicamente**
2. **Cocinar bien los alimentos**
3. **Consumir inmediatamente los alimentos cocinados**
4. **Guardar adecuadamente los alimentos cocinados**
5. **Recalentar suficientemente los alimentos cocinados**
6. **Evitar el contacto entre los alimentos crudos y cocinados**
7. **Lavarse las manos con frecuencia**
8. **Limpiar y desinfectar las superficies, equipos y utensilios de trabajo**
9. **Mantener los alimentos fuera del alcance de insectos, roedores y demás animales indeseables**
10. **Utilizar agua potable**

1.10. Alimentación y salud

1.10.1. Riesgos para la salud derivados de una incorrecta manipulación de alimentos

Las enfermedades transmitidas por alimentos son las originadas por la ingesta de alimentos o agua que contienen agentes patógenos. Los más frecuentes son los agentes infecciosos, bacterias y virus o sus toxinas, aunque también se producen por agentes químicos o físicos.

Se pueden transmitir de forma esporádica, es decir, cuando el alimento solo provoca enfermedad a una persona; o agrupada, y es cuando hablamos de brotes de toxiinfección. Un brote es la aparición de varios casos de la misma enfermedad producidos por el mismo alimento. Esta situación es la que provoca alarma y es un signo de que en un lugar determinado hay un problema relacionado con la alimentación.

No obstante, cada vez son más las personas que cada año padecen una enfermedad transmitida por los alimentos sin que se haya producido un brote, o en brotes poco numerosos.

Los brotes de toxiinfección alimentaria implican que un alimento llegue a un número importante de personas y que contenga una cantidad suficiente del agente patógeno como para que la muestra de población afectada sea significativa.

Hay una serie de factores que favorecen esta circunstancia. En primer lugar, la producción y elaboración de alimentos en grandes cantidades hace que un mismo producto llegue a muchos consumidores, de manera que si está contaminado afectará a muchas personas. Además, los procesos se complican, el tiempo de manipulación se alarga y se emplean tecnologías cada vez más sofisticadas. Por otra parte, tecnologías como la utilización del frío han mejorado la seguridad de los alimentos, en cuanto a minimizar el crecimiento microbiano y la degradación de los alimentos.

1.10.1.1. Conceptos y tipos de enfermedades

La sintomatología clínica que producen estas enfermedades suele ser de tipo digestivo, sobre todo manifestada con diarrea, dolor abdominal y vómitos. En algunas infecciones también hay fiebre, que puede ser elevada, y los principales peligros son la deshidratación (que puede tener graves consecuencias) y la infección generalizada.

Pueden producir también sintomatología neurológica muy grave (toxina botulínica, pesticidas), fiebres de Malta (quesos de oveja y cabra de leche sin pasteurizar), triquinosis (carne de jabalí no controlada), urticaria (histamina, procedente de la degradación de la proteína de algunos pescados), temblores, palpitaciones, excitación y nerviosismo (clenbuterol, utilizado en el engorde ilegal de animales). Todo sea dicho, estos problemas cada vez son más aislados al establecerse cada vez más, controles y métodos de inspección sanitaria implementados por las distintas autoridades con responsabilidades en este ámbito: locales, autonómicas, nacionales y europeas.

1.10.1.2. Factores contribuyentes a la aparición de enfermedades alimentarias

Los principales factores que contribuyen a la aparición de las toxiinfecciones son los siguientes:

1. Utilización de productos de procedencia dudosa, no autorizados, caducados, etc.:

   Hay que tener en cuenta que un producto puede estar autorizado para un determinado procedimiento pero no para otro, como es el caso del huevo crudo.

2. Almacenamiento defectuoso:

   - Riesgo de contaminación con productos químicos.
   - Riesgo de contaminación cruzada entre alimentos crudos y cocinados.

3. Temperaturas y tiempos inadecuados:
    - Conservación a temperaturas superiores a las recomendadas para impedir el crecimiento microbiano, la producción de toxinas o la degradación del alimento.
    - Cocción a temperaturas inferiores a las necesarias para destruir los microorganismos.
4. Tiempos inadecuados:
    - Tiempos de conservación excesivamente largos, que permiten la multiplicación de los microorganismos y la degradación del producto, aunque se le haya sometido a un proceso de conservación.
    - Tiempos de cocción insuficientes para destruir todas las formas de los microorganismos.
5. Falta de adecuación del binomio tiempo-temperatura: La temperatura a la que se somete un alimento debe ir ligada con el tiempo. Cuanto más baja sea la temperatura, más tiempo se puede conservar un alimento, y cuanto más elevada menos tiempo de tratamiento necesita. Por eso, y aunque se clasifiquen por separado, ambos factores deben aplicarse uno en relación con el otro.
6. Falta de higiene de los locales, de los utensilios y de cualquier objeto que entre en contacto con los alimentos:
    - Limpieza deficiente de los locales.
    - Limpieza y desinfección inadecuada de las superficies y utensilios en contacto con los alimentos.
    - Desinfección, desinsectación y desratización inexistentes o inadecuadas.
7. Incumplimiento de las normas de manipulación de los alimentos:
    - Ropa de trabajo inadecuada.
    - Manos sucias.
8. Falta de adecuación entre el volumen de elaboración de alimentos y la capacidad de trabajo e infraestructura del establecimiento: Cuando el trabajo o la cantidad de productos sobrepasan la capacidad de almacenamiento, de utilización de los frigoríficos, o las dimensiones de la cocina, se favorecen las prácticas inadecuadas de manipulación, de mala conservación y de uso in-

correcto del tiempo y de las temperaturas. En este apartado, y por las mismas razones, puede incluirse la falta de personal.

9. Insuficiente formación del personal: El personal escasamente cualificado, que además cambia con frecuencia de trabajo y de sector productivo, difícilmente está bien entrenado y no entiende la necesidad de realizar el trabajo de una manera determinada.
10. Utilización de agua no potable: tanto si es agua para beber como si es la que se utiliza en los procesos culinarios, para la elaboración de hielo y para la limpieza de utensilios, objetos y maquinaria en contacto con los alimentos.
11. Sistemas de eliminación de basuras insuficientemente separados de las zonas de conservación o de elaboración de alimentos.
12. Sistemas de evacuación de aguas residuales con riesgo de filtraciones hacia los sistemas de conducción del agua potable.

TOXIINFECCIONES ALIMENTARIAS

Entendemos por *toxiinfección alimentaria* el conjunto de enfermedades transmitidas por alimentos, que tienen como causa común una serie de microorganismos patógenos y cuya exposición se ha producido durante un corto período de tiempo.

Consideramos *brote epidémico* la presentación de dos o más casos con un cuadro clínico semejante, que aparecen después de consumir el mismo alimento y el análisis epidemiológico implica a este alimento como fuente de la enfermedad.

PRINCIPALES TOXIINFECCIONES ALIMENTARIAS

Aunque pueden existir múltiples problemas de salud causados por toxiinfecciones alimentarias, las más importantes, destacando en porcentaje, pueden considerarse las siguientes: *salmonella, campylobacter,* estafilococos, botulismo, *escherichia coli* y *anisakis*.

Salmonella:

La *salmonella* es una bacteria que se encuentra en el tubo digestivo del hombre y de los animales, cuya presencia en los alimentos puede desencadenar enfermedades diarreicas en los humanos. Igualmente, el consumo de hortalizas crudas puede suponer un riesgo por su contaminación por aguas de riego.

¿Qué puede provocar?: Se reproduce en el organismo y provoca náuseas, vómitos, dolor abdominal, diarrea y/o fiebre.

Su temperatura óptima de crecimiento es de 37º C.

Su multiplicación se impide a temperatura <5º C y > 65º C.

Los alimentos que se pueden contaminar con esta bacteria son:

- Verduras de consumo en crudo: Desinfección inadecuada de verduras y hortalizas de consumo en crudo.
- Agua y hielo: Utilización de aguas no potables, falta de higiene en las máquinas de hielo o hieleras.
- Huevos frescos: Utilización de huevos sucios o rotos, contacto de huevos con mesas de trabajo, con otros alimentos, y contacto de cartones de huevos con alimentos y mesas de trabajo.
- Carnes frescas crudas: Almacenamiento defectuoso de carne; cocinado insuficiente.
- Maquinaria, menaje y utillaje: Por no utilizar menaje/utillaje específico para cada actividad, por utilizar menaje o utillaje de madera, por utilizar menaje con fatiga de uso.
- Vectores animales: Acceso de cualquier animal a la zonas de manipulación.

Estafilococos (Staphylococcus Aureus)

El *Staphylococcus Aureus* es una bacteria usual en el ser humano. Una de sus localizaciones más frecuentes son las vías respiratorias (nariz, boca, garganta), aunque también se encuentra en la piel, heridas infectadas y quemaduras, etc.

El estafilococo produce una toxina causante de la gastroenteritis o inflamación de las mucosas gástrica e intestinal (las toxinas son sustancias que causan daños concretos en el individuo).

Esta toxina es resistente al calor (resiste la ebullición hasta 20-60 minutos).

Por lo tanto, el cocinado tradicional de los alimentos antes de consumirlos no destruye la toxina (sí la bacteria a temperatura > 75º C) previamente producida, por lo que estos alimentos pueden causar intoxicación.

Los alimentos que se pueden contaminar son:

- Carnes, pescados, leche y derivados: con productos que no han sido tratados térmicamente o lo han sido insuficientemente.
- Agua y hielo: Utilización de aguas no potables; almacenamiento inadecuado de agua potable.
- Maquinaria, menaje y utillaje: Malas condiciones de limpieza, utilización de menaje o utillaje de madera o con fatiga de uso.

- Animales: Acceso de cualquier animal a las zonas de manipulación y almacenamiento de alimentos.
- Manipulador: Toser, estornudar, cantar, masticar chicle, fumar, o comer mientras se manipulan los alimentos.
- Trabajar con heridas superficiales sin protección impermeable de aislamiento o con una higiene de manos defectuosa.

Clostridium Perfringens:

Es una bacteria capaz de crecer sin oxígeno y cuyas esporas presentan cierta resistencia a los tratamientos térmicos (las esporas son una forma de resistencia que adoptan las bacterias ante condiciones ambientales desfavorables). Su presencia en los alimentos puede desencadenar una grave intoxicación alimentaria.

Se multiplican rápidamente a temperatura ambiente, siendo su temperatura óptima de crecimiento la comprendida entre 43º C y 47º C.

Su multiplicación se inhibe o se ralentiza a una temperatura <10º C o >55º C, y también en un pH <5.

Las temperaturas >75º C en el centro del alimento eliminan las formas vegetativas, pero no las esporas.

La resistencia de las esporas a temperatura de 90º C es de 9 minutos.

Los alimentos se contaminan con esta bacteria por las siguientes causas:

- Alimentos cocinados: Cocción insuficiente que permita vivir las formas vegetativas o esporuladas. Enfriamiento lento de los alimentos después de su cocinado.
- Agua y hielo: Utilización de aguas no potables, almacenamiento defectuoso del agua potable.
- Maquinaria, menaje y utillaje: Malas condiciones de limpieza y desinfección. Utilización de menaje y utensilios de madera o con fatiga de uso.
- Vectores animales: Acceso de cualquier animal a la zona de manipulación o almacenamiento de alimentos.
- La falta de orden o limpieza favorece la contaminación cruzada.

Listeria Monocytogenes:

Es una bacteria presente en los animales domésticos, en los alimentos de origen vegetal, en la leche, en las heces de los animales domésticos, en incluso en las heces del hombre.

También se encuentra en quesos frescos y de pasta blanda, y en productos pasteurizados de producción industrial para consumo en crudo.

Sus características son las siguientes:

- Se multiplican rápidamente en temperatura ambiente, comprendidas entre 20º C y 40º C.
- Su crecimiento se inhibe en temperaturas <4º C y > 45º C, aunque pueden soportar temperaturas de hasta 59º C en el centro del alimento durante 10 minutos.
- Es sensible a los desinfectantes ordinarios como las soluciones de cloro.
- Es infectivo a dosis mínima, por lo que es importante en las contaminaciones cruzadas y es capaz de multiplicarse en refrigeración.
- El cocinado del alimento a temperatura ≥75º C durante al menos 10 minutos en el centro térmico del alimento lo eliminan del alimento.

La forma en que se contaminan los alimentos son:

- Alimentos cocinados: Consumo de alimentos sometidos a tratamiento térmicos insuficientes.
- Alimentos de consumo en crudo: No desinfección de verduras y hortalizas de consumo en crudo. Contaminación cruzada de alimentos de consumo en crudo, incluidos fermentados y madurados.
- Agua y hielo: Consumo de agua no potable, almacenamiento defectuoso y contaminación con aguas residuales.
- Maquinaria, menaje y utillaje: en malas condiciones de limpieza.
- Vectores animales: Acceso de cualquier animal a las zonas de manipulación o almacenamiento de alimentos.
- Mipulador: Higiene de manos defectuosa. Contaminación cruzada.

Campylobacter:

Es una bacteria con dos clases, *campylobacter yeyuni* y *campylobacter coli*, y se encuentra en el tubo digestivo de los animales de sangre caliente.

Puede aparecer en las carnes frescas, en la leche cruda, también en productos marinos como las almejas crudas cuando proceden de aguas que estaban contaminadas, y en los alimentos cocinados a bajas temperaturas.

Sus características son las siguientes:

- Se multiplican rápidamente a temperatura ambiente, siendo su temperatura óptima de crecimiento la comprendida entre 25º C y 42º C. Por debajo de 25º C crece con dificultad.
- Su multiplicación se inhibe a temperaturas <4º C y >50º C.
- Unas temperaturas superiores a 75º C en el centro del alimento garantizan su desaparición.
- Es infectivo en dosis mínima, lo que implica una gran importancia de las contaminaciones cruzadas y es capaz de multiplicarse en refrigeración.

Los alimentos pueden contaminarse de las siguientes formas:

- Alimentos cocinados: Consumo de alimentos sometidos a tratamiento térmicos insuficientes. Consumo de alimentos contaminados tras ser cocinados.
- Alimentos de consumo en crudo: Consumo de alimentos crudos. Contaminación cruzada en almacenamiento o en proceso de elaboración.
- Agua y hielo: Utilización de aguas no potables, almacenamiento de aguas defectuoso, contaminación con aguas residuales.
- Maquinaria, menaje y utillaje: Malas condiciones de limpieza y desinfección.
- Vectores animales: Acceso de cualquier animal a zonas de manipulación o almacenamiento de alimentos.
- Manipulador: Higiene de manos defectuosa. Trabajar con enfermedad, en especial de tubo digestivo. Contaminaciones cruzadas.

Vibrio Parahaemolyticus:

Es una bacteria que se encuentra en muchos alimentos de origen marino, entre los que se destacan los mariscos crudos, poco cocidos o recontaminados después de su cocción.

La contaminación con *vibrio parahaemolyticus* se relaciona con el consumo de pescado y mariscos crudos. Especialmente los pescados no tratados térmicamente.

Sus características son las siguientes:

- Crece en alimentos con un 7% de sal.
- Se multiplica rápidamente a temperatura ambiente; su temperatura óptima de crecimiento está entre 35º C y 37º C.

- Su multiplicación se inhibe a temperatura <10º C y >44º C.
- Si se refrigera el pescado, cesa la multiplicación y si se congela, muere, al igual que si se cocina a más de 60º C durante 15 minutos.

Sus formas de contaminar los alimentos son los siguientes:

- Pescados y mariscos: Consumo en crudo de los mismos. Tratamiento térmico insuficiente de los mismos.
- Agua marina: Uso de agua marina sin higienizar para la limpieza o elaboración crudas.
- Maquinaria, menaje y utillaje: Malas condiciones de limpieza.
- Manipulador: Higiene de manos defectuosa. Contaminaciones cruzadas.

Bacillus Cereus:

Es una bacteria esporulada (produce esporas) que se puede encontrar en cualquier medio ambiente. En el caso de intoxicaciones alimentarias, se encuentran mayoritariamente en purés, arroces, cremas, pasta, potajes o preparados a partir de materias primas deshidratadas.

Se multiplican en aquellos alimentos preparados en grandes volúmenes que se enfrían lentamente después de su cocinado.

Se multiplica rápidamente a temperatura ambiente; su temperatura óptima de crecimiento es de 45º C.

Su multiplicación se inhibe o ralentiza a temperatura <10º C y a >55º C.

Las esporas se inactivan a temperatura mantenida de 100º C durante 8 minutos en el centro de los alimentos.

Se puede encontrar de forma general en el medio ambiente, polvo, suciedad y además en las materias primas.

Los alimentos se contaminan de las siguientes formas:

- Alimentos cocinados enfriados: El enfriamiento lento de los alimentos provoca altas concentraciones de las bacterias y sus toxinas en los alimentos afectados. También lo provoca el agitado o batido de los alimentos después de sus cocinados, especialmente con útiles sucios.
- Maquinaria, menaje y utillaje: en malas condiciones de limpieza; la utilización de menaje de madera facilita la supervivencia de la bacteria.
- Manipulador: Higiene de manos defectuosa. Contaminaciones cruzadas.

Escherichia Coli:

Es una bacteria que forma parte de la flora intestinal del hombre y de los animales. Se puede detectar en carnes crudas y verduras de consumo en crudo.

La mayoría de las *escherichia coli* son inofensivas.

Sin embargo, algunos tipos pueden producir enfermedades y causar diarrea. Uno de sus tipos causa la «diarrea del viajero», y el peor tipo de *E.coli* causa una diarrea hemorrágica y a veces puede causar insuficiencia renal y hasta la muerte. Estos problemas tienen más probabilidades de ocurrir en niños y en adultos con sistemas inmunológicos debilitados.

Sus características son las siguientes:

- Su temperatura óptima de crecimiento es de 37° C.
- Su multiplicación, de forma general, se inhibe a temperatura < 10° C y >40° C.
- El cocinado a temperaturas iguales o superiores a 75° C garantiza su desaparición en el alimento.

Las formas en que se contaminan los alimentos son:

- Alimentos crudos: Presencia en materias primas. Desinfección inadecuada de las verduras de consumo en crudo. Contaminación postdesinfección. Contaminación cruzada durante la elaboración.
- Agua y hielo: Utilización de agua no potable. Almacenamiento defectuoso de las aguas procedentes de la red de abasto. Contaminación con aguas residuales.
- Alimentos cocinados: Cocinado a temperatura inferior a 70° C. Contaminación posterior al cocinado.
- Maquinaria, menaje y utillaje: Malas condiciones de limpieza y desinfección. Utilización de menaje o utensilios de madera que favorece la supervivencia de las bacterias.
- Animales vectores: Acceso de cualquier animal a las zonas de manipulación o almacenamiento de los alimentos.
- Manipulador: Trabajar con enfermedad, en especial del tubo digestivo. Higiene de manos defectuosa. Contaminaciones cruzadas.

Shigella:

Esta bacteria se puede encontrar en alimentos de origen marino como los mariscos crudos, poco cocidos o recontaminados después de una cocción.

La enfermedad producida (shigellosis) está relacionada con el consumo de alimentos húmedos y se transmite por el agua.

Sus características son:

- Esta bacteria tolera concentraciones de sal de hasta el 6%.
- Su temperatura óptima de crecimiento es de 37° C.
- Su multiplicación se inhibe a una temperatura <10° C y >40° C.
- No resiste el cocinado, a temperaturas ≥75° C se garantiza su desaparición del alimento.

Las formas en que se contaminan los alimentos son las siguientes:

- Alimentos húmedos: Consumo en crudo de los alimentos. Consumo de alimentos sometidos a tratamiento térmico insuficiente.
- Agua y hielo: Utilización de agua no potable; almacenamiento incorrecto de aguas; contaminación de aguas residuales.
- Alimentos cocinados: Cocinado a temperatura inferior a 70° C. Contaminación posterior al cocinado.
- Maquinaria, menaje y utillaje: en malas condiciones de limpieza; utilización de menaje de madera. Utilización de menaje con fatiga de uso.
- Animales vectores: Acceso de cualquier animal a las zonas de manipulación o almacenamiento de alimentos.
- Manipulador: Higiene de manos defectuosa; trabajar con enfermedad, especialmente del tubo digestivo. Contaminaciones cruzadas.

Clostridium Botulinum:

Es una bacteria capaz de crecer sin oxígeno y cuyas esporas son resistentes a los tratamientos térmicos. Su presencia en los alimentos puede desencadenar graves toxiinfecciones alimentarias. El *clostridium perfringens* es capaz de producir una toxina, la cual se inactiva parcialmente a 90° C durante 15 minutos.

Estas bacterias se aíslan en mayor proporción en los lugares polvorientos, en los restos de tierra y, en general, en los lugares en los que hay suciedad.

Las verduras crudas, de cultivos rastreros, están a menudo contaminadas. Dentro de las materia primas donde se aíslan, destacan los embutidos y ciertos tipos de quesos, y también en las conservas/semiconservas de alimentos; y dentro de estos, la mayor incidencia se asocia a la producción casera, ya que la producción industrial se realiza bajo controles muy estrictos destinados precisamente a evitar el riesgo del botulismo.

Las características que muestra son las siguientes:

- Puede causar una enfermedad grave con índice de mortalidad de hasta el 40%.
- Se multiplica rápidamente a temperatura ambiente, su temperatura óptima es de 26º C a 35º C.
- Su multiplicación se ralentiza o inhibe a temperatura <3,3º C y >55º C.
- Las temperaturas superiores a 75º C en el centro del alimento garantizan la desaparición de las formas vegetativas, no la toxina.
- La resistencia térmica de las esporas a 100º C es de 360 minutos.
- Por lo tanto, los procedimientos de conservación de alimentos al vacío o en atmósfera modificada pueden suponer un riesgo importante de botulismo si no se establecen los controles adecuados.
- Está presente en el polvo y suciedad.

Los alimentos se contaminan con *clostridium botulinum* principalmente de las siguientes formas:

- Embutidos y quesos: Cualquier defecto en un embutido o queso lo hace sospechoso y debe ser desechado para el consumo.
- Conservas/semiconservas: Cualquier defecto en una conserva/semiconserva hace a la misma sospechosa de botulismo.

Virus alimentarios

Los alimentos pueden transmitir virus responsables de gastroenteritis de origen alimentario o ser vehículos de virus responsables de otras enfermedades.

Los virus en los alimentos no se multiplican y el alimento solo se comporta como un mero transmisor, por lo tanto, las medidas irán encaminadas a evitar la contaminación de los alimentos:

1. Control del entorno, desinfección enérgica de la zona de manipulación, maquinaria, menaje y utillaje.
2. Mantener alto grado de higiene en los manipuladores de alimentos.
3. Cocinado completo de los alimentos, ya que algunos virus son sensibles a una temperatura >75º C.
4. Desinfección de los alimentos de consumo en crudo.

5. Separación de los productos crudos y cocinados.
6. Medidas de lucha contra vectores.
7. No destinar al consumo crudo los moluscos que no procedan de zonas garantizadas.
8. Control de proveedores de las materias primas.
9. Control de abastecimiento de agua de consumo humano.

Y además, prestaremos atención a:

- Agua y hielo: Utilización de aguas no potables o almacenamiento incorrecto.
- Alimentos en general: El envasado al vacío o atmósfera modificada favorece su multiplicación y la aparición de toxinas. El enfriamiento lento de los alimentos cocinados favorece su multiplicación. La conservación a >3º C favorece su multiplicación.
- Maquinaria, menaje y utensilios: en malas condiciones de limpieza; utilización de menaje con fatiga de uso.
- Animales vectores: Acceso de cualquier animal a las zonas donde se manipulan o almacenan alimentos.

Parásitos alimentarios:

Existen numerosos parásitos que se pueden encontrar y transmitir al consumidor a través de los alimentos, algunos ejemplos son los siguientes:

- Amebiasis (*Entamoeba Histolytica*): se contrae al consumir alimentos contaminados o agua contaminada que contenga el parásito en fase quística.

  Se destruyen por cloración enérgica o cocinado completo y lo mantendremos controlado manteniendo una adecuada higiene de las manos del manipulador y controlando las aguas de consumo.

- Anisaquiasis (*Anisakis*): es un nematodo (gusano), un parásito que infecta a mamíferos marinos y a grandes peces en los cuales se desarrolla.

  Las larvas, en el pescado, migran hacia las vísceras y la musculatura, llegando incluso a traspasar la piel del pescado.

  Los pescados más comunes en presentarlo son: bacalao, sardina, boquerón, arenque, salmón, abadejo, merluza, pescadilla, caballa, bonito y jurel.

  Se transmite a las personas a través del consumo de pescado parasitado crudo o poco cocinado.

Para reducir el riesgo es importante evitar la ingesta de pescado crudo o poco cocinado. Las larvas del pescado infestado mueren con la cocción a una temperatura de 60° C por lo menos durante 10 minutos. Asímismo, las larvas se destruyen mediante congelación a temperaturas iguales o inferiores a –20° C durante al menos 24 horas.

- Teniasis: Es una enfermedad parasitaria intestinal causada por cestodos (gusanos) del género *Taenia*, conocida como «lombriz solitaria».

  Teniasis del pescado: Se transmite a través del pescado crudo o insuficientemente cocido.

  Teniasis bovina: Se transmite a través de la carne de vacuno cruda o insuficientemente cocida.

  Teniasis porcina: Se transmite a través de la carne de porcino cruda o insuficientemente cocida.

  Para evitar la infestación por este parasito evitaremos comer carne/pescado crudo o insuficientemente cocinado.

- Toxoplasmosis: Es una enfermedad ocasionada por un parasito, *Toxoplasma Gondii*.

  Se puede transmitir a través de carne cruda o insuficientemente cocinada; se inactiva a 55° C durante 5 minutos.

  El gato y otros felinos son los huéspedes definitivos. Por lo tanto, debemos evitar el acceso de gatos a aquellos lugares donde se manipulen o almacenen alimentos. Estos parásitos pueden tener importantes secuelas en las mujeres embarazadas por las lesiones que puede provocar en el feto.

- Triquinosis: Es una enfermedad parasitaria causada por un nematodo (gusano), que se adquiere al consumir carne con larvas del parásito. Las personas afectadas presentan diarrea, dolor muscular y articular.

  El contagio se produce por la ingestión de carne cruda o poco cocinada de porcino, equino, jabalí y otras especies de caza.

  La manera de luchar contra estas parasitosis transmitidas por la carne es consumir únicamente aquellas que hayan sido sometidas a inspección veterinaria, incluidas las especies de caza.

El consumo de carnes y pescados crudos o insuficientemente cocinadas facilita la transmisión de estos parásitos

- Mohos:

  Ante los mohos y sus micotoxinas debemos tener en cuenta:

  El control del moho depende en gran medida de las labores de limpieza y desinfección. Téngase en cuenta que las esporas de moho en alimentos pueden propagarse dentro del refrigerador, en los paños de cocina y en otros utensilios.

  Consejos sobre los mohos:

  1. Todo alimento que presente crecimiento fúngico (mohos) no deseado debe ser desechado para el consumo.
  2. Sobre el alimento enmohecido no debe realizarse el expurgo o corte de las zonas afectadas, ya que las toxinas se han podido difundir por el mismo o profundizado en el interior del mismo, por ejemplo, en el caso de ciertas frutas o piezas de carne enmohecidas.
  3. La no existencia de mohos no garantiza la inexistencia de micotoxinas en los mismos. El crecimiento de hongos sobre los alimentos puede producir micotoxinas, que pueden llegar a ser altamente tóxicas para el hombre, y otras, que son factores desencadenantes de diversos tipos de cánceres.

     IMPORTANTE: Algunos mohos se usan para la producción de ciertos tipos de quesos como Roquefort (de venas azuladas), quesos Brie y Camembert (cuya superficie está cubierta de un moho blanco), Cabrales, etc., y pueden ser consumidos sin ningún tipo de peligro.

     Los factores que debemos tener en cuenta respecto a los mohos son:

     - Es importante que los alimentos permanezcan en ambientes secos. Los mohos crecen a temperaturas ambiente y hasta –5º C siempre que exista un elevado grado de humedad en el medio.
     - Los alimentos deberán estar adecuadamente protegidos, con tapa o película transparente.
     - Debemos mantener una adecuada ventilación en el almacenamiento de los alimentos, para así no favorecer el crecimiento y su rápida difusión por las distintas superficies.
     - Hay que mantener una estricta limpieza y desinfección de los lugares de almacenamientos como los refrigeradores: quite el moho visible (generalmente negruzco) en las partes de goma y plásticas con una cucharada de lejía de uso alimentario disuelta en 1 litro de agua.

- Además, debe mantener limpias las bayetas y evite los paños de tela. Si huelen mal o a húmedo es una señal de que tienen moho y que este se está propagando.

El tipo de alimentos a los que afectan normalmente los hongos son:

- Los alimentos en los que más frecuentemente han sido aislados los mohos y mico toxinas son: diferentes tipos de cereales y de leguminosas, las harinas derivadas de los mismos, frutos secos, leche, quesos, huevos, pollos, truchas y frutas dañadas.

1.10.1.3. Responsabilidad de la empresa en la prevención de enfermedades de transmisión alimentaria

Ante la sospecha de una posible toxiinfección alimentaria, es responsabilidad del restaurante comunicarlo a las autoridades competentes (Consejería de Salud o Sanidad de la comunidad autónoma correspondiente). Aunque estas normativas legales son de carácter nacional, las competencias en materia de vigilancia de la salud del consumidor han sido transferidas a los Departamentos de Salud o Sanidad de las Comunidades Autónomas, por lo que es necesario conocer la reglamentación específica de la comunidad donde se encuentre el negocio afectado.

La AESAN (Agencia Española de Seguridad Alimentaria y Nutrición) señala que la responsabilidad ante un riesgo de toxiinfección alimentario es del consumidor final, en caso de los particulares, y del establecimiento hostelero en el caso que nos ocupa. Por ello, la responsabilidad del establecimiento empieza por cumplir la legislación vigente en la materia a través de la elaboración de una GPCH o un APPCC según la comunidad autónoma y el tipo de restauración.

Asímismo, se procederá a comunicar a las autoridades sanitarias sin demora, de forma urgente y en menos de 24 horas la notificación del brote o problema detectado .

Como estas toxiinfecciones pueden surgir en centros donde existen comedores englobados en colectividades, por ejemplo, residencias, hospitales, comedores de empresa, catering, etc., es responsabilidad de la empresa comunicar esta incidencia directamente a la autoridad sanitaria.

Es responsabilidad de la empresa hostelera, además de comunicar el peligro o toxiinfección detectada, comprender y asumir los siguientes conceptos, de cara a concienciarse sobre la peligrosidad de la situación, tanto para evitar sanciones por negligencias como para prestar un servicio de calidad a sus clientes:

- Un brote epidémico puede ser la primera manifestación de una epidemia que, de no ser controlada a tiempo, podría llegar a alcanzar grandes dimensiones.
- La información recibida de forma puntual e inmediata puede ayudar a identificar las causas que lo han motivado y a tomar las medidas de control adecuado a corto, medio y largo plazo
- Debe conocer desde el primer momento cuándo y dónde se han obtenido las materias primas, cómo se han transportado, las técnicas y utensilios utilizados en la elaboración de los alimentos, los procedimientos de almacenamiento, los productos utilizados o añadidos durante la preparación, la cantidad de alimentos elaborados, la identificación de los comensales, la fecha de elaboración, distribución y consumo de los productos, y valoración de las condiciones higienicosanitarias de los locales, entre otros muchos datos de interés sanitario que pueden ser identificados en los primeros momentos y que a medida que avanza el tiempo pueden ir desapareciendo.

De esta forma, una vez notificada la sospecha del brote, la autoridad sanitaria procede, mediante un protocolo establecido, a enviar sus servicios de inspección

Aunque no en todos los casos de brotes de toxiinfecciones se pueden llegar a establecer las causas exactas o aislar los gérmenes responsables, en la gran mayoría de los casos se logra identificar los puntos de la cadena alimenticia donde se haya podido producir algún error. En definitiva, la actuación temprana permite con mayor facilidad confirmar o no la existencia del brote, y permite emitir el informe técnico donde queden reflejados todos los pasos, resultados y conclusiones de la investigación, así como las medidas correctoras que deba adoptar la empresa implicada en el caso concreto.

Conclusiones sobre la responsabilidad empresarial ante una toxiinfección

Después de analizar cada uno de los puntos, y teniendo en cuenta que lo básico es cumplir la normativa vigente —lo cual no exime de correr el riesgo aunque reduce mucho la posibilidad de que se produzca—, se puede sintetizar la responsabilidad en los siguientes puntos:

- El control higiénico en cada uno de los pasos de la cadena alimenticia, desde su inicio (materia prima) hasta su consumo, y es deseable que el hostelero reclame la información relativa a todo el proceso y cumpla la parte que le corresponda.
- La implicación de toda el personal de la empresa es básica desde el propietario (o dirección) hasta al último trabajador manipulador de alimentos. De

nada sirve que los mandos instauren y respeten las normas si no lo asume toda la plantilla.

1.11. Personal manipulador. Requisitos de los manipuladores de alimentos

El 19 de febrero de 2010 se publicó el Real Decreto 109/2010, de 5 de febrero, que deroga expresamente el Real Decreto 202/2000, de 11 de febrero, por el que se establecen las normas relativas a los manipuladores de alimentos. No obstante, siguen siendo válidos a nivel consultivo los requisitos que el RD derogado establecía en lo referido a los manipuladores de alimentos, que son los siguientes:

Artículo 3. *Requisitos de los manipuladores de alimentos.*

1. Los manipuladores de alimentos deberán:

- *a. Recibir formación en higiene alimentaria, según lo previsto en el* ***artículo 4****.*
- *b. Cumplir las normas de higiene en cuanto a actitudes, hábitos y comportamiento.*
- *c. Conocer y cumplir las instrucciones de trabajo establecidas por la empresa para garantizar la seguridad y salubridad de los alimentos.*
- *d. Mantener un grado elevado de aseo personal, llevar una vestimenta limpia y de uso exclusivo y utilizar, cuando proceda, ropa protectora, cubrecabeza y calzado adecuado.*
- *e. Cubrirse los cortes y las heridas con vendajes impermeables apropiados.*
- *f. Lavarse las manos con agua caliente y jabón o desinfectante adecuado, tantas veces como lo requieran las condiciones de trabajo y siempre antes de incorporarse a su puesto, después de una ausencia o de haber realizado actividades ajenas a su cometido específico.*

2. Igualmente, durante el ejercicio de la actividad, los manipuladores no podrán:

- *a. Fumar, masticar goma de mascar, comer en el puesto de trabajo, estornudar o toser sobre los alimentos ni realizar cualquier otra actividad que pueda ser causa de contaminación de los alimentos.*
- *b. Llevar puestos efectos personales que puedan entrar en contacto directo con los alimentos, como anillos, pulseras, relojes u otros objetos.*

3. *Cualquier persona que padezca una enfermedad de transmisión alimentaria o que esté afectada, entre otras patologías, de infecciones cutáneas o diarrea, que puedan causar la contaminación directa o indirecta de los alimentos con microorganismos patógenos, deberá informar sobre la enfermedad o sus síntomas al responsable del establecimiento, con la finalidad de valorar conjuntamente la necesidad de someterse a examen médico y, en caso necesario, su exclusión temporal de la manipulación de productos alimenticios.*

   Las personas de las que el responsable del establecimiento sepa o tenga indicios razonables de que se encuentran en las condiciones referidas en el párrafo anterior, deberán ser excluidas de trabajar en zonas de manipulación de alimentos"

1.11.1. Reglamento respecto al personal manipulador:

Nos remitimos a la normativa vigente en lo referido a la obtención del conocido como "carnet de manipulador de alimentos»" que dice lo siguiente:

El 19 de febrero de 2010 se publicó el Real Decreto 109/2010, de 5 de febrero, que deroga expresamente el ***Real Decreto 202/2000, de 11 de febrero, por el que se establecen las normas relativas a los manipuladores de alimentos.***

La derogación del RD supone un nuevo enfoque legislativo en materia de formación de los manipuladores de alimentos.

Inicialmente, la responsabilidad recaía fundamentalmente en las administraciones sanitarias, las cuales organizaban cursos de formación para los manipuladores de alimentos y expedían el correspondiente"carnet de manipulado" a aquellos que superaban una prueba de evaluación

La experiencia adquirida y el nuevo enfoque de la legislación comunitariaopusieron de manifiesto la necesidad de renovar y actualizar la normativa en materia de formación de manipuladores de alimentos.

En este sentido, el ***Real Decreto 2207/1995, de 28 de diciembre, por el que se establecen las Normas de Higiene relativas a los Productos Alimenticios*** incluyó una nueva concepción en materia de formación de manipuladores, consistente en que las empresas del sector alimentario asumieran la responsabilidad de desarrollar programas de formación en cuestiones de higiene de los alimentos.

El Real Decreto 202/2000, ya derogado, incorporó parte de dicha filosofía y ha jugado un papel importante en el desarrollo de programas de formación y educación en higiene de los alimentos.

El 1 de enero de 2006 entró en vigor el denominado "paquete de higiene" y, en particular del ***Reglamento (CE) n.º 852/2004 del Parlamento Europeo y del Consejo, de 29 de abril de 2004, relativo a la higiene de los productos alimenticios***, el cual marc nuevamente las coordenadas en las que la empresa alimentaria debe moverse para asumir sus responsabilidades en materia de seguridad alimentaria. De forma concreta el capítulo XII del Anexo II del mencionado Reglamento establece:

Formación

Los operadores de empresa alimentaria deberán garantizar:

- *La supervisión y la instrucción o formación de los manipuladores de productos alimenticios en cuestiones de higiene alimentaria, de acuerdo con su actividad laboral.*
- *Que quienes tengan a su cargo el desarrollo y mantenimiento de procedimientos basados en los principios de APPCC (Artículo 5) o la aplicación de las guías de prácticas correctas de higiene hayan recibido una formación adecuada en lo tocante a la aplicación de los principios del APPCC.*
- *El cumplimiento de todos los requisitos de la legislación nacional relativa a los programas de formación para los trabajadores de determinados sectores alimentarios.*

Por último, la aplicación de la ***Ley 25/2009, de 22 de diciembre, de modificación de diversas leyes para su adaptación a la Ley sobre el libre acceso a las actividades de servicios y su ejercicio,*** conlleva la supresión de aquellos requisitos adicionales que no se encuentren contemplados en la normativa comunitaria, lo que implica la supresión explícita de la autorización de las entidades de formación de manipuladores de alimentos para poder ejercer su actividad en cualquier comunidad autónoma.

¿Quiere esto decir que ya no es necesaria la formación de los manipuladores de alimentos?

De ninguna manera. Las empresas alimentarias mantienen toda la responsabilidad y deben garantizar que el personal de su empresa tenga formación suficiente en materia de higiene, de acuerdo con su actividad laboral.

¿Cómo deben asumir dicha formación las empresas alimentarias?

Como hasta ahora, con la diferencia de que no existirá un registro de entidades autorizadas por el Principado de Asturia, -consultar en otras CC.AA.—- es decir, se suprime cualquier trámite administrativo (autorización, renovación, modificaciones de actividad, bajas, etc.).

Es decir, la formación de los manipuladores debe ser impartida por:

- **La propia empresa alimentaria.**
- **Empresas o entidades externas.**
- **Asociaciones, centros o escuelas de formación profesional o educacional reconocidos por organismos oficiales (dentro de la formación reglada).**
- **Por cualquier otro medio, siempre que se asegure la consecución del objetivo**

Los responsables de las empresas del sector alimentario deberán disponer de la documentación que demuestre los tipos de programas de formación impartidos a sus manipuladores, la periodicidad con que los realiza, en su caso, y la supervisión y vigilancia de las prácticas de manipulación, que habrán de acredita, en las visitas de control oficial.

Podrá seguirse utilizando el material de formación como herramienta para la formación de los manipuladores.

¿Cuál será el papel de la Autoridad Sanitaria a partir de ahora?

El contemplado en los Reglamento (CE) nº 882/2004 y 854/2004 sobre controles oficiales, es decir, los servicios oficiales de inspección de la Consejería de Salud y Servicios Sanitarios (Dirección de la Agencia de Sanidad Ambiental y Consumo) del Principado de Asturias, en el ámbito de su competencia, supervisarán los programas de formación de las empresas alimentarias con el fin de comprobar que se cumplen los requisitos del Capítulo XII del Reglamento (CE) nº 852/2004 y verificarán mediante la constatación del cumplimiento de las prácticas correctas de manipulación y en especial las de higiene, que los manipuladores de alimentos aplican los conocimientos adquiridos.

En el caso de detectar incumplimientos, las autoridades sanitarias adoptarán las medidas que procedan en aras de garantizar la seguridad de los alimentos y, en concreto, podrán requerir la revisión de los programas de formación de las empresas.

Entonces, ¿qué es lo que cambia?

Solo aquellos aspectos que se refieren a la necesidad de autorización y registro de las empresas de formación de manipuladores de alimentos.

¿Qué va a pasar con los certificados emitidos hasta la fecha por las empresas autorizadas o los centros de formación?

Los certificados emitidos hasta la fecha no pierden su vigencia. Sin embargo, a partir de este momento, en lo certificados de formación expedidos no se incluirá el número de registro de autorización otorgado por la Comunidad Autónoma del Principado de Asturia, -consultar en el resto de CCAA.

La(AESA) ha elaborado un documento de orientación de criterios mínimos para la formación de los manipuladores de alimentos, que puede descargarse en su página web: www.aesan.msc.es

1.11.2. Salud e higiene personal: factores, medidas, materiales y aplicaciones

Factores que intervienen en las enfermedades de trabajo

Son los relacionados con los agentes contaminantes que resultan del proceso de trabajo, los ocasionados por las condiciones en que el trabajador realiza sus labores y los derivados del ambiente en que se encuentra el trabajador. En el ámbito de la restauración y la hostelería se producen muchos factores y agentes similares a los de cualquier otro sector por lo que pueden generalizarse en gran parte de sus características y efectos. Dichos agentes son los siguientes:

Agentes contaminantes que pueden producir enfermedades de trabajo

a) Químicos. La industria hostelera moderna requiere materias primas, productos de limpieza y ambientes de trabajo que pueden conllevar problemas de naturaleza química, que en su manejo o transformación son capaces por sí mismas, o mediante sus derivados, de desprender partículas sólidas, líquidas o gaseosas, que absorbe el trabajador produciendo el cuadro nosológico de la enfermedad profesional de que se trate. La absorción de estas sustancias puede efectuarse por la piel, el aparato respiratorio y el digestivo. Por ejemplo: saturnismo, provocado por plomo; dermatosis, provocada por sales tánicas, talco, cal, petróleo o sus derivados; y cromismo, provocado por el cromo y sus derivados, anilinas y otras sustancias químicas o composiciones de alimentos que provoquen alergias, cuadros reactivos o distintas enfermedades.

b) Físicos. Se reconocen todos aquellos en los que el ambiente normal cambia, rompiéndose el equilibrio entre el organismo y su medio. Se citan defectos de iluminación, calor o frío extremo, ruido y humedad excesivos, manejo de corriente eléctrica, exceso o defecto de presión atmosférica, presencia de polvos, gases o humos en la atmósfera, etc. Estas situaciones anómalas traen como consecuencia repercusiones en la salud, por ejemplo: disminución de agudeza visual, ceguera; alteraciones del sistema termorregulador del cuerpo; vas dilatación periférica o vasoconstricción; vértigo de Meniere o "mal de montaña" causado por el enrarecimiento del aire y la disminución de la presión atmosférica; trauma acústico, sorderas, neurosis por ruidos, etc.

c) Biológicos. Este tipo de factores tienen como origen la fijación dentro y/o fuera del organismo, o la impregnación del mismo, por animales protozoarios osmetazoarios, parásitos, o toxinas de bacterias que provocan el desarrollo de alguna enfermedad. Por ejemplo: cualquiera de las toxiinfecciones alimentarias producida por virus, gérmenes y parásitos presentes en la manipulación y consumo de alimentos.

d) Psicológicos. Medio tensional en el cual se desempeña el trabajo, que pueda causar alteraciones en la estructura psíquica y de personalidad de los trabajadores. Por ejemplo: neurosis, psicosis, histerias, etc. El trabajo en hostelería, con cambios de ritmo constantes, aumento y disminución de las cargas laborales dentro de la misma jornada, situaciones de máxima tensión (por ejemplo, en el momento del servicio en restaurantes), jornadas de trabajo largas, trabajo nocturno, etc., provoca que estos agentes tengan una presencia destacada

e) *De fuerza del trabajo.* Todos aquellos que tiendan a modificar el estado de reposo o de movimiento de una parte o de la totalidad del cuerpo vivo; es decir, que tiendan a modificar su situación en el espacio y sean capaces de provocar enfermedades o lesiones. Por ejemplo: grandes esfuerzos físicos pueden provocar desgarros musculares, hernias, etc., muy habituales dadas las características de esfuerzo físico requerido en determinados puestos como cocina, sala (por ejemplo, montaje de comedores), así como la recepción y descarga de géneros.

1.11.2.1. Medidas de salud e higiene personal:

Los anteriores factores que pueden intervenir en la aparición de problemas de salud se pueden corregir o disminuir en muchas ocasiones a través de las siguientes medidas:

Medidas para prevenir problemas de salud causados por temperaturas altas

- Evitar la existencia de temperaturas alta. difícil en ciertos puestos de hostelería: cocina, por ejemplo).
- Proporcionar pastillas de sal a los trabajadores, acompañados por grandes cantidades de líquidos.
- Conceder descansos periódicos.
- Usar el equipo de protección más adecuado.

Medidas para prevenir problemas de salud por exposición o ruido excesivo

Estos problemas se ocasionan cuando el trabajador se expone a niveles de ruido demasiado altos, los cuales el organismo no puede soportar;oesto puede ocasionar fatiga, disminución de la capacidad para oír y sordera total. En el caso de un negocio de hostelería pueden ser, en algunos casos, si no eliminadas, sí disminuidas convenientemente con estas medidas:

- Eliminar las fuentes de ruido.

  Aislar al personal (por ejemplo, tabicando salas de cuarto frío y preelaboraciones, así como *plonges*)
- Seleccionar características de ruido y vibraciones bajas en maquinaria de sala y cocina.

Medidas para prevenir enfermedades por exposición a polvos, gases, humos o vapores

- Identificar la sustancia contaminante.

  Limitar la exposición, en la medida de lo posible e incluyendo el uso de mascarillas, si se estima necesario.

1.11.2.2. Materiales y aplicaciones para la salud e higiene personal

Equipos de protección personal: ropa de trabajo: Es utilizada para cubrir salpicaduras, contacto con sustancias o materiales caliente; debe ser de tela flexible, que permita una fácil limpieza y desinfección, además de ser adecuada a las condiciones del lugar del trabajo, ajustar bien al cuerpo del trabajador, sin perjuicio de su comodidad y facilidad de movimientos.

Protección craneana (cascos, capuchones, etc.): Es utilizada para cubrir ante la caída de objetos, golpes con objetos, contacto eléctric y salpicaduras. Deben ser fabricados con materiales resistentes a los riesgos inherentes con la tarea, incombustibles o de combustión muy lenta. De escasa repercusión en hostelería.

Protección ocular: Antiparras, anteojos, máscara facial, etc: Son utilizados para evitar riesgosade proyección de partículas, vapores (ácidos, alcalinos, orgánicos, etc.), salpicaduras (químicas o de elaboraciones, etc.), radiaciones (infrarrojas, ultravioletas, etc.).-Protección auditiva: auriculares, etc. Son utilizados para niveles sonoros superiores a los 90 dB en determinados trabajos de hostelería, aunque muy concretos, por ejemplo en salas de despiece o trenes de lavado.

Protección de los pies: Zapatos, botas, etc. Son utilizados para evitar los daños causados por golpes y/o caída de objetos, penetración de objetos, resbalones, contacto eléctrico, etc.

Protección de manos: Guantes, manoplas, dediles o guantes de malla. Para evitar riesgos con salpicaduras (químicas, etc.), cortes con objetos y/ materiales, contacto eléctrico, contacto con superficies o materiales calientes, etc.

Protección respiratoria: Barbijos, semimáscara y máscara,. Para evitar daños causados por la inhalación de polvos, vapores, humos o gases que puedan provocar intoxicación.

Vestimentas y equipo de trabajo

En cuanto a los equipos de trabajo, debemos remitirnos al apartado anterior donde se especificaban los equipos a utilizar en cada caso para evitar problemas de salud y facilitar el trabajo en condiciones de desarrollo óptimas.

En cuanto a la vestimenta:

- Todo el personal manipulador (incluido el temporal) debe llevar ropa de uso exclusivo para el trabajo, incluyendo los siguientes elementos:
  1. Chaquetilla o camisa/polo/similar (cocina o sala).
  2. Pantalón para cocina y pantalón/falda para sala.
  3. Calzado adecuado: mocasín cerrado, zueco, etc.
  4. Gorro, cofia o similar en cocina.

Hoy en día, ha aumentado la oferta, variedad y modelos de uniformes de trabajo en cuanto a colores, diseños, materiales, etc.; no obstante, debemos recalcar la obligatoriedad, en el caso de cocina, y la conveniencia, en el caso de sala, de vestir adecuadamente por cuestiones higienicosanitarias, de ergonomía y de imagen.

Gestos del personal manipulador

El siguiente listado de gestos y rutinas debe evitarse a la hora de trabajar, tanto en sala como en cocina:

1. No lavarse las manos:

- Antes de iniciar la manipulación de alimentos.
- Inmediatamente después de haber usado los servicios higiénicos.
- Al haber estado en contacto con basuras y desperdicios.
- Tras un descanso o interrupción del trabajo.
- Periódicamente después de tocar billetes y monedas.
- Entre manipulación de productos crudos y cocinados.

2. Toser o estornudar utilizando las manos como barrera.
3. Rascarse la cabeza u otra parte del cuerpo.
4. Sonarse la nariz en pañuelo desechable y lavarse las manos.
5. Fumar, comer o masticar chicle.

Procedimiento de lavado de manos:

1. Distribuir bien el jabón o gel entre los dedos, las palmas y los dorsos de las manos. Es recomendable hacerlo mediante dosificador.
2. Usar agua caliente en la medida de lo posible.
3. Frotar durante unos segundos todas las partes: dedos, uñas, palmas etc.
4. Aclarar bien.
5. Secarlas con toallas de un solo uso.

Heridas y su protección

El personal de hostelería sufre un gran número de accidentes laborales causados por una mala utilización del material, lo que ocasiona cortes y amputaciones. Manipular de manera incorrecta los distintos materiales de corte existentes en la cocina (utensilios de corte -cuchillos, machetes,...-, batidora, picadora, etc.), distintos tipos de envases (latas,...), vidrio con bordes cortante , etc., puede causar serias lesiones al trabajador. Las medidas preventivas a llevar a cabo son:

- Proteger la parte cortante de las herramientas con resguardos móviles o con enclavamiento o retráctiles.
- Mantener todo el material de corte perfectamente afilado.
- Utilizar los cuchillos adecuados a cada tarea.
- Transportar y guardar los cuchillos en sus lugares correspondientes.
- Los cuchillos deberán tener mangos antideslizantes.

- Deberán utilizar el material de corte solo aquellos trabajadores designados a realizar tales trabajos.
- El personal destinado a manejar este tipo de material deberá ser informado de los peligros y serán formados en el manejo del mismo.
- Se cortará el alimento en las superficies indicadas para ello.
- El trabajador deberá disponer de los equipos de protección adecuado a su trabajo y hará uso adecuado del mismo.

Procedimiento para tratar heridas por corte:

Las pequeñas heridas no suelen entrañar ningún riesgo, a menos que se infecten.

- Nunca ponga su boca en contacto con una herida puesto que en la boca hay muchas bacterias que pueden contaminar la herida.
- No permita que se usen pañuelos, trapos o dedos sucios en el tratamiento de una herida.
- No ponga antisépticos sobre la herida, únicamente puede aplicarse agua oxigenada, alcohol o similar.
- Lave inmediatamente la herida y áreas cercanas con agua y jabón.
- Sostenga firmemente sobre la herida un apósito esterilizado hasta que deje de sangrar.
- Luego ponga un apósito nuevo y aplique un vendaje suave.

Procedimiento para tratar quemaduras:

1. Enfriar la quemadura debajo del chorro de agua fría.
2. Mantener la quemadura fría el mayor tiempo posible, pero no con hielo.
3. Secar con cuidado la quemadura.
4. Aplicar pomada.
5. Cubrir la quemadura con un apósito.

1.11.2.3. Asunción de actitudes y hábitos del manipulador de alimentos

Todo el personal manipulador puede y debe tener formación sobre seguridad e higiene en cuanto a procedimientos, manejo de utensilios, tratamiento y almacenamiento de géneros. No obstante, es necesario recalcar que de nada sirve haber recibido dicha formación si, a la hora de aplicar dichos conocimientos, dichos manipuladores no adoptan una actitud positiva y relajan dichos procedimientos con disculpas varias o poniendo en duda las ventajas cualitativas y cuantitativas de dicha forma de actuar. Por ello es necesario que sistematice una serie de pautas de comportamiento que se pueden resumir en las siguientes:

Actitudes:

- Los manipuladores no pueden mascar chicle, ni fumar, ni comer en sus puestos de trabajo.
- Las manos deben lavarse a menudo.
- Las uñas deben mantenerse cortas y limpias.
- Las manos deben lavarse antes de empezar a preparar alimentos y después de cada interrupción, especialmente después de pasar al servicio o de manipular los alimentos crudos.
- Se deben utilizar utensilios apropiados para eliminar todo contacto manual innecesario.
- Los manipuladores que presenten lesiones cutáneas abiertas deben protegerlas convenientemente con una cubierta impermeable.
- Los manipuladores utilizarán ropas claras y de un material fácilmente lavable, y se cambiarán con frecuencia.
- Los manipuladores deben utilizar gorro (cubrecabezas).
- No se utilizarán utensilios que hayan sido utilizados para las materias primas sin limpiar y desinfectar previamente.

Como se puede observar, las *actitudes* son los procedimientos a aplicar y la predisposición a hacerlo adecuadamente, de forma que, cuando se hayan implantado y realizado de forma habitual, puedan pasar a convertirse en *hábitos*, es decir, en el comportamiento de una persona repetido regularmente, de forma casi automatizada.

1.11.2.4. Importancia de las buenas prácticas en la manipulación (BPM) de alimentos

Las BPM son una herramienta valiosa, no solamente para aplicar los procesos de calidad, sino también para el desarrollo y crecimiento empresarial, que son los elementos fundamentales para alcanzar el éxito empresarial.

La importancia de aplicar estas buenas prácticas se pueden concretar en:

- Higiene en los procesos de elaboración, envasado, almacenamiento, distribución y transporte.
- Una adecuada disposición y manejo correcto de los residuos.
- Alto nivel de capacitación en todos y cada uno de los temas que componen las BPM. Ésta puede lograrse mediante cursos, charlas e incentivos.
- Una escasa incidencia de enfermedades de transmisión alimentaria, puesto que las fuentes de contaminación se controlan, los manipuladores aplican normas higiénicas de tipo personal y en los procesos de los alimentos hay una limpieza y desinfección efectuadas.
- Un mayor índice de satisfacción de los clientes.

2. Limpieza de instalaciones y equipos de hostelería

Introducción

En este epígrafe o apartado pretendemos dar una visión completa sobre un aspecto básico que por su importancia en el proceso de asegurar una calidad higiénica de los alimentos, merece ser tratado en un capítulo independiente: La limpieza y sus diferentes conceptos y fases (desinfección, esterilización, desinsectación y desratización) así como los requisitos deseables en unas instalaciones de hostelería para que esa proceso de higienización se pueda llevar a cabo de forma rápida, cómoda y segura.

Contenido

2.1. Concepto y niveles de limpieza

2.2. Requisitos higiénicos generales de instalaciones y equipos

2.3. Procesos de limpieza: desinfección, esterilización, desinsectación y desratización

2.4. Productos de limpieza de uso común

2.5. Interpretación de las especificaciones

2.6. Sistemas, métodos y equipos de limpieza

2.7. Técnicas de señalización y aislamiento de áreas y equipos

2.1. Concepto y niveles de limpieza

Aunque existen múltiples conceptos de limpieza, y todos son perfectamente válidos, vamos a dar un par de ejemplos de definiciones:

«Conjunto de procesos destinados a la eliminación de todo tipo de suciedad en las superficies (paredes, suelos y techos) de los locales, así como en los equipos, instrumentos e instalaciones destinados a la elaboración de géneros y alimentos.»

«Quitar la suciedad visible puesto que es fuente de alimentación y protección para microorganismos.»

Los niveles de limpieza pueden determinarse de la siguiente forma, en base a su frecuencia, personal aplicador e intensidad de los mismos:

1. Limpieza diaria de superficies de trabajo, utensilios y maquinaria: la realizará el propio personal de cocina/sala al finalizar la jornada, normalmente de forma manual.
2. Limpieza diaria de suelos y ventanas: la realizará bien el propio personal de cocina/sala, bien el personal específico encargado de estas funciones. Dependiendo del tamaño de las instalaciones, se hará de forma manual o con pequeña maquinaria.
3. Limpieza semanal/mensual de suelos, superficies y utillaje, normalmente por personal hostelero o específico, dependiendo de los procedimientos a aplicar.
4. Limpieza semestral/anual: implica un desmontaje total de maquinaria, muebles y enseres para aplicar productos más enérgicos. Puede realizarse por personal propio pero cada vez más se contratan empresas especializadas que se encargan de todo el proceso.

2.2. Requisitos higiénicos generales de instalaciones y equipos

- Las instalaciones y espacios deberán estar diseñados para facilitar la limpieza y desinfección, intentando que sean lo más amplios posibles.
- En la medida de lo posible, las instalaciones de lavado y procesado de alimentos estarán lo más separadas que se pueda de las zonas de lavado de menaje.
- Los suelos, paredes y techos deberán estar diseñados para evitar la acumulación de suciedad y facilitar su limpieza; en el caso de suelos con desagües y materiales no porosos, en el caso de paredes revestidas de materiales cerámicos o similares de fácil limpieza y en el caso de los techos con materia-

les que impidan la formación de condensación debe incluir, si es posible, la opción de desmontar los paneles para evitar acumulación de suciedad, mohos, y humedades.

- Los materiales de los útiles, maquinaria y superficies de manipulación serán fáciles de limpiar y desinfectar, impermeables, resistentes a la corrosión y no tóxicos. Deben estar construidos con materiales lisos, lavables, no porosos y resistentes a la oxidación. Se dispondrá de tablas de corte de material adecuado en número suficiente para las necesidades del establecimiento.
- La vajilla y menaje, incluidos recipientes de comidas para llevar y contenedores, se guardarán protegidos de cualquier posible fuente de contaminación.
- Los contenedores para distribución de comidas preparadas, así como las vajillas y cubiertos que no sean de un solo uso, serán higienizados con métodos mecánicos adecuados al volumen de la actividad, provistos de un sistema que asegure su correcta limpieza y desinfección.
- Los productos de limpieza deben almacenarse en zonas aisladas de los alimentos y preferiblemente en espacios específicos para ello.

2.3. Procesos de limpieza: desinfección, esterilización, desinsectación y desratización

Recordemos en primer lugar dos conceptos básicos:

LIMPIEZA: la limpieza es el procedimiento mediante el cual se elimina de una superficie la suciedad y los restos de materia orgánica. Suele utilizarse agua junto con un producto químico (detergente).

DESINFECCIÓN: consiste en la aplicación de un producto químico (desinfectante) sobre una superficie limpia para destruir los microorganismos que no hayan sido eliminados por arrastre durante la limpieza. Una desinfección también puede conseguirse sometiendo los utensilios, una vez limpiados, a la acción del agua caliente a una temperatura de 80º C.

La limpieza y desinfección comprenden una serie de pasos:

1. **Prelavado:** se eliminan los restos más visibles de suciedad y se mojan los equipos y utensilios con agua caliente para reblandecer la suciedad adherida más relevante.
2. **Lavado:** consiste en la aplicación de agua caliente y un producto detergente, para desprender y disolver la suciedad que no se haya eliminado con el prelavado.
3. **Aclarado:** con abundante agua potable, para eliminar los restos de detergente y de suciedad disuelta.
4. **Aplicación del desinfectante:** una vez limpios y aclarados los equipos y utensilios, se aplica el producto desinfectante para eliminar las bacterias que no se hayan eliminado con la operación de limpieza. Aunque, cada vez más, los productos combinan funciones y pueden servir a la vez para lavar y desinfectar a la vez.
5. **Aclarado:** para eliminar los restos de desinfectante. Hay productos que no lo requieren, que son evidentemente más cómodos de utilizar al ahorrarnos este paso. Para comprobarlo deben consultarse sus fichas técnicas, adheridas al envase, donde se especifican los pasos a seguir y los productos complementarios sin son necesarios.

Peligros que pueden presentarse por una falta de limpieza y desinfección

Los alimentos pueden contaminarse con microorganismos patógenos al contactar con superficies, equipos y utensilios sucios, o que no se hayan desinfectado.

Puede producirse una contaminación de tipo químico en los alimentos, con residuos de detergentes o desinfectantes, por un uso inadecuado de estos productos.

Medidas preventivas

La empresa debe contratar o elaborar y aplicar un programa de limpieza y desinfección para los equipos, recipientes y útiles que estén en contacto con los alimentos, así como para los locales en los que se ubiquen.

Para la limpieza de las vajillas y cubiertos que no sean de un solo uso, así como para la de los recipientes empleados para la distribución de las comidas, es obligatorio el empleo de máquinas automáticas. La temperatura del agua del aclarado final debe ser de al menos 80º C.

Los productos empleados para la limpieza y desinfección se guardarán en un local o armario separado de los lugares de manipulación, donde no exista riesgo de contaminación de los alimentos.

Los productos utilizados deberán estar cerrados y convenientemente etiquetados.

Deberán usarse según las instrucciones que figuren en la etiqueta o documentación técnica que los acompañe.

Los productos de limpieza y desinfección no podrán trasvasarse a otros envases que pudieran dar lugar a equívocos respecto a su contenido, en particular a recipientes que hayan contenido o pudieran contener alimentos o bebidas.

El equipo utilizado para la limpieza (fregonas, cubos, trapos, cepillos, etc.) deberá mantenerse en adecuado estado de conservación e higiene al objeto de evitar que se convierta en fuente de contaminación.

Cómo se puede controlar o vigilar esta fase:

Mediante controles visuales observando:

- Las condiciones de higiene y limpieza, una vez finalizada esta.
- Los lugares donde se guardan los productos, así como el estado de higiene de los utensilios empleados en la limpieza.
- Las temperaturas de las máquinas utilizadas durante el lavado.

Mediante controles microbiológicos:

- Tomar muestras de las superficies de los equipos y utensilios tras la limpieza y desinfección para su análisis microbiológico, o emplear aparatos o equipos de determinación del grado de higiene.

2.3.1.1. Proceso de limpieza y desinfección

Consiste en un documento que contiene las instrucciones escritas de los procedimientos de limpieza y desinfección que se aplican.

Permite estandarizar las actividades de limpieza y desinfección de forma que siempre se realicen del mismo modo, siguiendo unas determinadas instrucciones.

Es un documento que debe estar a disposición de los inspectores sanitarios, cuando sea requerido.

En este documento, para cada zona del establecimiento debe indicarse:

- Qué locales, equipos y utensilios se limpian y desinfectan.
- Qué productos se utilizan: tipo de detergentes y desinfectantes. (deben conservarse las fichas técnicas del producto).
- Cómo se limpia y cómo se desinfecta (con bayeta, con pulverizadores, por inmersión, etc.).
- Cuándo se limpia y se desinfecta cada uno de los locales, equipos y utensilios.
- Quién limpia.
- Quién supervisa todo lo anterior.

2.3.1.2. Proceso de desinsectación y desratización

Por plaga entendemos la presencia de animales indeseables en número tal que comprometa la seguridad y salubridad alimentaria, debido a la capacidad que tienen de alterar y/o contaminar equipos, instalaciones y productos alimenticios.

El control de plagas es el conjunto de actuaciones que, de forma conjunta y coordinada, tienen por finalidad controlar a los animales considerados como plaga, de tal manera que se minimicen los efectos adversos.

2.3.1.3. Métodos de control de plagas

Un control adecuado de plagas abarca los elementos siguientes:

1. El saneamiento del medio:
    - Limpieza y desinfección.

- Eliminación de basuras.
- Limpieza exterior de escombros y arbustos.
- Recogida y eliminación correcta de aguas residuales.

2. Las medidas pasivas de control:
   - Humedad, temperatura y ventilación adecuadas.
   - Protección de las aberturas mediante sistemas de cerramientos y mallas mosquiteras.
   - Sumideros provistos de sifones y rejillas.
   - Evitar cavidades y huecos en los edificios. Reparación de grietas y agujeros en paramentos.
   - Inspección de envases y materiales introducidos.
   - Inaccesibilidad de agua y alimentos.
3. Los métodos físicos y mecánicos:
   - En industria alimentaria, los más interesantes son las trampas luminosas y los cebos y trampas adhesivas y mecánicas.
4. Los métodos químicos:
   - Consisten en la utilización de compuestos químicos de naturaleza muy variable y con diferentes grados de toxicidad. Se conocen con el nombre genérico de plaguicidas, y se distinguen en raticidas e insecticidas.

A pesar de dicha toxicidad, su utilización sigue siendo necesaria en los programas de control de plagas, y su aplicación está sometida a unos **estrictos requisitos** que afectan al personal aplicador, al producto y a las condiciones de utilización.

El control de plagas se basa en dos tipos de actuaciones, preventivas (antes de que se produzcan las plagas) y de solución (una vez que se ha detectado un problema).

A- ACTUACIÓN DE VIGILANCIA DE PLAGAS

Es el programa principal y de sus resultados dependerán las actuaciones posteriores del capítulo del control de plagas.

Consiste en el conjunto de acciones encaminadas a detectar si en el establecimiento existen animales indeseables que nos hagan sospechar de la presencia de una plaga, y de qué tipo puede ser.

Incluye:

Tipo de plaga a vigilar.

Personal que realiza el control:

- Perteneciente a la propia industria.
- Contratación de empresa externa de control de plagas.

Definición de los lugares de control:

- Plano de colocación de las trampas.

Procedimiento:

- Rotación de las trampas y sustitución en caso de deterioro o consumo.
- Periodicidad de la vigilancia.
- Diagnóstico de la situación.
- Identificación de los agentes.
- Establecimiento de origen y causas.
- Determinación del método de control más adecuado.

B- ACTUACIÓN DE TRATAMIENTO DE PLAGAS

Según los resultados de la vigilancia se establecerá un programa de tratamiento que incluya las cuestiones siguientes:

Objetivo del tratamiento: Definiremos las especies a controlar (cucarachas, ratas, hormigas...) y la intensidad de dicho control:

- Disminución de la población a niveles aceptables (fijar el límite).
- Erradicación total de la población.

Personal que interviene en el tratamiento: Puede ser propio o bien pertenecer a una empresa externa autorizada para el control de plagas. En ambos casos debe ser personal especializado.

Incluye a los aplicadores —personal que maneja los productos químicos— y a los responsables de la aplicación —dirigen y supervisan a los aplicadores.

Lugares en donde se realiza el tratamiento: Deben definirse con exactitud los locales y lugares de aplicación.

Duración y periodicidad de los tratamientos: Tiempo que durará el tratamiento y cada cuánto se ha de volver a repetir.

Procedimiento de aplicación: Es la técnica que se utilizará para la distribución del plaguicida: pulverización, pincelado o cebos.

Plazo de seguridad: Es el tiempo mínimo que ha de transcurrir desde la aplicación de un plaguicida hasta la entrada de personas y/o animales en los locales tratados. Es fijado por el Ministerio de Sanidad para cada plaguicida y es muy importante respetarlo.

Medidas a adoptar: Ventilación, retirada de alimentos y precinto de áreas tratadas.

Evaluación de la aplicación: Comprobación de la eficacia de los métodos utilizados y de los productos aplicados.

Registros documentales:

- Plano de instalaciones en el que se indiquen los lugares de colocación de cebos y trampas.
- Carnés de capacitación básicos y cualificados del personal aplicador.
- Ficha técnica y autorización de la Consejería de Sanidad correspondiente.

Si es realizada por una empresa externa de control: contrato de servicio y registro de la empresa prestataria del servicio en el servicio correspondiente de cada Consejería de Sanidad en cada comunidad autónoma.

- Certificados de tratamiento de las aplicaciones realizadas.
- Registros de las actuaciones de vigilancia.
- Registros de las medidas correctoras aplicadas.

2.4. Productos de limpieza de uso común

2.4.1. Tipos y clasificación

Los productos de limpieza vamos a clasificarlos en base a sus métodos de aplicación forma de uso.

1. Físicos: Por calor (vapor de agua), por succión (aspiración) y por fregado (escobas, fregonas, etc.).
2. Químicos: Detergentes y productos industriales (lejías, geles, ceras).

2.4.2. Características principales de uso

Sus características de uso podemos establecerlas en base a su naturaleza (composición). Aun así, es necesario recordar que determinadas sustancias mal utilizadas pueden ser muy peligrosas por lo que la actitud correcta sería emplear solo los autorizados y suministrados por las industrias elaboradoras que así lo indiquen en su etiquetado, absteniéndose de aplicar métodos caseros y productos no autorizados.

Productos cáusticos y corrosivos:

- Salfumán, como desinfectante.
- Lejía, como desinfectante.
- Sosa, como desinfectante.

Disolventes orgánicos varios:

- Alcoholes en detergentes, limpi-cristales y desengrasantes.
- Hidrocarburos en detergentes y desengrasantes.
- Aguarrás en detergentes y desengrasantes.

2.4.3. Medidas de seguridad y normas de almacenaje

Actuaciones correctas a nivel de seguridad y almacenado de productos de limpieza y desinfección:

- Cuando sea posible, utilizar sustancias que tengan las mismas propiedades, pero que sean menos peligrosas.
- Seguir la forma de actuación indicada en las fichas de datos de seguridad de los productos.
- Evitar el contacto de sustancias con la piel, utilizando mezcladores, homogeneizadores, paletas o guantes adecuados.
- No realizar mezclas de productos que no estén expresamente indicadas por el fabricante.
- Utilizar los productos en sus envases originales. No trasvasar.
- Mantener las etiquetas en buen estado de conservación, evitando su caída y deterioro que las haga ilegibles.
- No utilizar los envases para otro fin distinto del original.
- Almacenar los productos en lugares apropiados y alejados de los alimentos.
- Mantener los recipientes cerrados.
- Efectuar las principales operaciones de limpieza, una vez acabado el trabajo en la cocina.

- Utilizar equipos de protección individual (guantes, pantallas,...), según indique la ficha de datos de seguridad.
- Limpiar y secar las manos antes de colocarse los guantes.
- Utilizar detergentes para las manos que permitan su uso continuado.
- No perforar ni acercar los aerosoles a fuentes de calor o llamas.
- No utilizar objetos cortantes en la descongelación de frigoríficos.
- Tener buena ventilación natural de los locales.
- Evitar la respiración de vapores orgánicos nocivos desprendidos en el trabajo.
- Realizar la limpieza en locales bien ventilados.
- Durante la limpieza, no mezclar productos incompatibles que supongan el desprendimiento de gases nocivos.

2.5. Interpretación de las especificaciones

La clasificación y los requisitos de etiquetado del RD 363/1995 serán muy pronto sustituidos por un Reglamento para aplicar el Sistema Mundialmente Armonizado de Clasificación y Etiquetado de Productos Químicos o SGA. El Reglamento REACH requiere este Sistema Globalmente Armonizado de Naciones Unidas para clasificación, etiquetado y envasado de sustancias y mezclas. Algunos de los términos cambiarán en el futuro una vez que se aplique el SGA.

La propuesta SGA introdujo nuevos criterios de clasificación, nuevos pictogramas y nuevas frases de etiquetado, además de tener en cuenta los elementos que ya forman parte de la normativa europea.

2.5.1. Peligros físicos

Los nuevos pictogramas del SGA pueden consultarse en múltiples puntos de información: organismos públicos, sindicatos, empresa, etc. Basta poner en cualquier buscador web: «pictogramas SGA».

El Reglamento Europeo 1272/2008 Clasificación, Etiquetado y Envasado de sustancias y mezclas químicas (en adelante lo denominaremos por sus siglas en inglés, CLP) entró en vigor el 20 de enero del 2009 y en él se establece un nuevo sistema de pictogramas de los productos químicos, entre otros cambios.

El CLP interactúa con otro Reglamento Europeo, el 1907/2006 Registro, Evaluación, Autorización y Restricción de sustancias y mezclas químicas, que entró en vigor el 1 de junio del 2007 (en adelante por sus siglas en inglés, REACH).

CLP y REACH tratan de mejorar el sistema de gestión de las sustancias y mezclas químicas, mediante un modelo común, aproximando y unificando las legislaciones existentes.

Con el Reglamento CLP se pretenden aplicar, en el marco de la UE, los criterios internacionales adoptados en el Sistema Global Armonizado de Clasificación y Etiquetado de productos químicos (SGA) por Naciones Unidas.

1. *Pictogramas:* Se sustituyen los actuales pictogramas cuadrados con fondo naranja por unos nuevos representados por rombos con el borde rojo y el fondo blanco. Desaparecen también pictogramas como la cruz de San Andrés y aparecen otros nuevos.

   Se agrupan según Peligros para la Salud, Peligros Físicos o Peligros para el Medio Ambiente.

2. *Frases de riesgo y seguridad:* Se sustituyen las actuales Frases de Riesgo (R) y Frases de Seguridad (S) por unas nuevas Indicaciones de Peligro (H) y Consejos de Prudencia (P).

   Indicación de peligro (H)

   Una frase que, asignada a una clase o categoría de peligro, describe la naturaleza de los peligros de una sustancia o mezcla peligrosas, incluyendo cuando proceda el grado de peligro.

   Palabras de advertencia

   Un vocablo que indica el nivel relativo de gravedad de los peligros para alertar al lector de la existencia de un peligro potencial; se distinguen los dos niveles siguientes:

   a) *Peligro:* Palabra de advertencia utilizada para indicar las categorías de peligro más graves.

   b) *Atención:* Palabra de advertencia utilizada para indicar las categorías de peligro menos graves.

   Consejo de prudencia (P)

   Una frase que describe la medida o medidas recomendadas para minimizar o evitar los efectos adversos causados por la exposición a una sustancia o mezcla peligrosa durante su uso o eliminación.

3. *Etiquetado:* Se modifican los contenidos de las actuales etiquetas de peligro para incluir más información y más clara, llegando a simplificarse cuando vaya combinada con etiquetado de transporte.

El SGA sustituyó y derogó definitivamente el sistema anterior de clasificación, etiquetado y envasado de sustancias y mezclas el 20 de noviembre de 2010 para las sustancias y el 1 de junio de 2015 para las mezclas (preparados).

2.5.2. Ficha de datos de seguridad (FDS)

La FDS es una importante fuente de información complementaria a la contenida en la etiqueta y constituye una herramienta de trabajo imprescindible en el campo de la prevención de riesgos laborales y de la protección al medio ambiente ya que suministra información para tomar las medidas necesarias para la protección de la salud y de la seguridad en el lugar de trabajo.

El responsable de la comercialización debe suministrarla obligatoriamente a los usuarios profesionales proporcionando información sobre las propiedades de la sustancia y los peligros para la salud y el medio ambiente, así como sobre los riesgos derivados de sus propiedades físicas y químicas, controles de exposición, manipulación, almacenamiento y eliminación. Estas fichas también informan sobre las medidas de lucha contra incendios, los medios de protección, precauciones a tomar en caso de vertido accidental y primeros auxilios. La FDS también deberá redactarse, al menos, en la lengua oficial del Estado e incluirá obligatoriamente la información siguiente:

1. Identificación de la sustancia y del responsable de su comercialización.
2. Composición/información sobre los componentes.
3. Identificación de los peligros.
4. Primeros auxilios.
5. Medidas de lucha contra incendios.
6. Medidas en caso de vertido accidental.
7. Manipulación y almacenamiento.
8. Controles de la exposición/protección personal.
9. Propiedades físicas y químicas.
10. Estabilidad y reactividad.
11. Información toxicológica.
12. Información ecológica.
13. Consideraciones relativas a la eliminación.
14. Información relativa al transporte.
15. Información reglamentaria.
16. Otra información.

La FDS se suministrará de forma gratuita y nunca más tarde de la primera entrega del producto y posteriormente siempre que se produzcan revisiones por nuevos conocimientos significativos relativos a la seguridad y a la protección de la salud y del medio ambiente.

2.6. Sistemas, métodos y equipos de limpieza

Aplicaciones de los equipos y materiales básicos:

El uso de los equipos (lavavajillas, túneles de lavado, máquinas de vapor, fregadoras y abrillantadoras) deberán ser utilizados siguiendo las instrucciones especificadas en sus fichas técnicas.

Respecto a los materiales básicos, refiriéndonos con ello a los productos utilizados, serían los siguientes:

1. Productos químicos como detergentes, desinfectantes y desengrasantes (descritos en un apartado anterior).
2. Pequeño utillaje: servirá tanto para las superficies de trabajo (bayetas, estropajos, piedra pómez y cepillos) como para suelos, paredes y ventanas (fregonas, mopas, escobas, limpiacristales, cubos, escurridores y recogedores).

2.6.1. Procedimientos habituales: tipos y ejecución

Etapa nº 1. Preparación:

- Retirar y recoger cualquier alimento/utillaje/maquinaria que pueda dificultar el proceso.

Etapa nº 2. Limpieza:

- Retirar la suciedad superficial de forma manual y mediante rascado si es necesario.
- Aplicar el producto detergente correspondiente a cada superficie con ayuda del agua.
- Secar con papel o paños no agresivos.

Etapa nº 3. Desinfección:

- Este proceso repite las pautas de la etapa nº 2 (Limpieza) pero aplicando en esta ocasión el producto desinfectante.

2.7. Técnicas de señalización y aislamiento de áreas y equipos

Son varias las técnicas que se pueden aplicar; de todos es conocido que en primer lugar debe incidirse en el aspecto preventivo de estos avisos, para, en segundo lugar, servir de recordatorio de aislamiento hasta su retirada cuando se terminen las tareas de mantenimiento, limpieza o similar.

El INSHT (Instituto Nacional de Seguridad e Higiene en el Trabajo) cuenta en su web (www.insht.es) con toda la información actualizada al respecto:

Señales en forma de panel:

1. Advertencia
2. Prohibición
3. Obligación
4. Lucha contra incendios
5. Salvamento o socorro

Señalización:

1. Señales luminosas
2. Señales acústicas
3. Comunicaciones verbales
4. Señales gestuales

Destaca por su importancia, efectividad y utilización mayoritaria la señalización óptica, en sus diversas formas: señales en forma de panel y señales luminosas. En el caso de las señales acústicas, servirán para avisar de inicios o fines de procesos con maquinaria. Debemos utilizar con mucho cuidado las comunicaciones verbales y señales gestuales pues las mismas presentan múltiples interferencias y problemas de aplicación al basarse en la actitud y aptitud de las personas.

3. Incidencia ambiental de la actividad de hostelería

Introducción

En este epígrafe o apartado se trata de dar una visión sobre un aspecto cada vez más relevante en nuestro sector: el tratamiento de los residuos. Y decimos relevante no sólo por los aspectos legales y las normativas que nos obligan a gestionar los residuos de una determinada forma sino también por la importancia que cobra el mantener procesos adecuados de cara a nuestra responsabilidad social e integración ética en una sociedad que cada vez demanda y valora más un comportamiento empresarial comprometido con la sostenibilidad, el reciclaje y el respeto del medio ambiente.

Contenido

3.1. Agentes y factores de impacto

Agentes: 1- Las empresas. 2- Los proveedores. 3- Los clientes. 4- El entorno.

Factores: 1- Legislación. 2- Conciencia ambiental. 3- El mercado.

Tradicionalmente, el factor que más ha impulsado la protección ambiental en las empresas de hostelería en nuestro país ha sido la legislación en esta materia. La actuación por parte de los sectores económicos atendía a demandas concretas de la Administración y, en general, aportaba la solución a los problemas por procesos de recuperación o corrección, casi siempre, por miedo a una sanción por incumplimiento de la normativa.

Pero en los últimos tiempos, son cada vez más las empresas que en el medio ambiente no ven solo un requisito normativo y tienen un enfoque de sus aspectos ambientales desde un punto de vista preventivo, incluyendo la variable ambiental en sus procesos como un punto más de la gestión empresarial y aceptando el reto del medio ambiente como una oportunidad de negocio.

Esta nueva visión servirá para identificar nuevas oportunidades de mercado y mejorar la competitividad de sus productos y servicios.

La integración del medio ambiente en la política empresarial es una herramienta que debe verse desde tres perspectivas por parte de los empresarios:

1. La primera visión a tener en cuenta es el ahorro, la eficiencia y la ventaja competitiva que se puede llegar a adquirir tras la implantación de políticas o criterios medioambientales en una organización o empresa.
2. La segunda es el cambio de preferencias de los consumidores, en cuya decisión de compra han tomado peso los valores sociales y su preocupación por el entorno. Es un hecho que las medidas a favor del medio ambiente no solo no disminuyen la competitividad de una economía, sino que las inversiones suplementarias en este terreno (I+D+i, *marketing* «verde», etc.) son altamente rentables a medio plazo por el retorno y ahorro de recursos, mejora de imagen y captación de mercado.
3. Esa misma preocupación por el medio ambiente puede extenderse a la plantilla de la propia empresa.

3.2. Tratamiento de residuos

3.2.1. Manejo de residuos y desperdicios

La norma de oro es evitar la generación de residuos desde su origen, es decir, desde la compra del producto, y reutilizar todo lo que sea posible.

Es preciso informarse de las características de la recogida selectiva del municipio al que pertenece el establecimiento y, después, aplicar las siguientes normas:

- Realizar una selección correcta. Si no se separan bien las diversas fracciones, se puede perjudicar toda la recogida selectiva de la zona.
- Estudiar detalladamente la mejor ubicación de los contenedores en el establecimiento. Deben estar lo más cerca posible del lugar donde se produce cada tipo de residuo, para facilitar que todos los trabajadores contribuyan a la recogida selectiva, siempre y cuando las condiciones de higiene sean adecuadas.
- Asimismo, deben estudiarse las dimensiones de cada tipo de contenedor y la necesidad o no de tener un almacén con contenedores más grandes para algún tipo de residuo.
- En el caso de los residuos peligrosos, existen normas sobre el tipo de contenedor y las condiciones de almacenamiento.
- Limpiar regularmente los contenedores de residuos.

3.2.2. Tipos de residuos generados

En estas instalaciones se producen los siguientes tipos de residuos:

- **Residuos asimilables a urbanos:** principales residuos producidos en estas actividades profesionales debido a la cantidad en que se generan.

  Se gestionan mediante la separación en origen y recogida selectiva domiciliaria: orgánicos (restos crudos y cocinados procedentes de cocinas, restaurantes, bares y alojamientos), son los que se producen en mayor cantidad; papel y cartón (envases y embalajes de papel y cartón procedente de oficina), su principal problema es el volumen que ocupan; vidrio (botellas y restos de cristal de roturas de material); envases ligeros (botellas plásticas, latas, aluminio, *bricks*, etc.), y otros restos plásticos (envases y embalajes).
- **Residuos voluminosos:** Se dan en momentos puntuales; se trata de muebles y electrodomésticos. Generalmente tienen una recogida domiciliaria específica o se entregan en un punto limpio. Se ha de tener en cuenta:
  - Antes de tirar muebles o electrodomésticos, indagar si alguien podría utilizarlos (ONG, parroquias, entidades, asociaciones, etc.).
  - Contactar con los servicios municipales para informarse de los requisitos y la forma adecuada de desprenderse de estos residuos.

- Consultar al distribuidor o comercio de electrodomésticos y aparatos eléctricos la posibilidad de que se haga cargo de los viejos equipos al adquirir los nuevos.
- Los electrodomésticos, aunque sean pequeños (batidoras, planchas, cuchillos eléctricos, etc.), no se pueden tirar a los contenedores normales de residuos urbanos.

- El aceite de cocina usado se produce en todos los establecimientos de restauración y se considera un residuo especial. Requiere una recogida específica y un contenedor diferenciado. No tirar nunca aceite por el fregadero, es muy perjudicial para la depuración del agua. La Consejería correspondiente de cada Comunidad Autónoma dispone de un listado actualizado de los transportistas de residuos no peligrosos y de los gestores de residuos no peligrosos (entre ellos los aceites) autorizados.

  Asimismo, los restos de comida, géneros y desperdicios (basura orgánica) también debe separarse y depositarse en recipientes adecuados separados, principalmente para evitar los malos olores.

3.2.3. Residuos sólidos y envases

Los residuos sólidos detallados anteriormente deben reciclarse y separarse de forma adecuada como se describe en el anterior apartado.

3.2.3.1. Gestión de envases

Para lograrlo, la ley propone dos medios de actuación. El más operativo es el Sistema Integral de Gestión (SIG), procedimiento de recogida y tratamiento de los envases y sus residuos. Con tal fin, se constituyeron Ecoembes y Ecovidrio.

Este sistema se financia mediante fondos que las empresas envasadoras pagan por cada producto comercializado por primera vez en el mercado nacional. Estos fondos van destinados a financiar los gastos ocasionados por la recogida, transporte hasta la planta de separación y clasificación, y el envío posterior a los gestores autorizados para su tratamiento.

El «**Punto Verde**» es el símbolo que acredita la pertenencia al Sistema Integrado de Gestión de Envases de Ecoembes.

El reciclaje de los envases hay que iniciarlo con la separación en origen. Para ello se deben depositar los residuos en los contenedores adecuados. Este proceso es fundamental para el adecuado funcionamiento del SIG.

- En el **contenedor amarillo** solo se depositan envases de plástico, envases metálicos, y *bricks*.
- En el **azul** se depositan los envases de cartón o papel.
- El iglú **verde** se destina solo a envases de vidrio.

El otro sistema, poco empleado, es el sistema de envases retornables, cada vez más en desuso. Consiste en el proceso de depósito, devolución y retorno de los envases. Con este sistema, los envasadores y comerciantes cobran una cantidad a cada producto y aceptan los envases usados devueltos.

3.2.4. Emisiones a la atmósfera

Los focos habituales de emisión a la atmósfera en estas instalaciones son los de combustión (calderas de agua caliente sanitaria, calefacción, grupos electrógenos) y las cocinas.

- Es preciso **cumplir los límites** de emisión establecidos en la legislación.

  Para ello hay que emplear combustibles autorizados, realizar las operaciones de mantenimiento y regulación de combustión pertinentes, utilizar los equipos de extracción y filtros adecuados y realizar el mantenimiento correcto y la revisión periódica de los filtros de humos y vapores.
- La **revisión periódica** de los sistemas de combustión permite **optimizar** el consumo de combustibles y mantener las emisiones de gases de combustión en los límites correctos.
- Es importante realizar una **revisión regular** de los equipos de aire acondicionado y de refrigeración (cámaras frigoríficas...). Para verificar que funcionan adecuadamente y evitar que se deterioren y para minimizar las emisiones a la atmósfera de los gases refrigerantes.
- A la hora de adquirir **equipos** de refrigeración **nuevos**, debemos asegurarnos de que usan **tecnología respetuosa** con el **medio ambiente**.

3.2.5. Vertidos líquidos

Los vertidos líquidos (excluido el aceite que tiene una normativa propia reguladora dada su peligrosidad) se someten a las diferentes leyes, normativas y ordenanzas europeas, nacionales, de cada Comunidad Autónoma y municipales en lo referente a residuos.

3.3. Normativa aplicable sobre protección ambiental

- Se sigue la Ley 22/2011 de 28 de julio, de residuos y suelos contaminados.

Además, como ya hemos reseñado, existen múltiples normativas de carácter autonómico y municipal que concretan determinados aspectos y los adaptan a la realidad y circunstancias de cada ámbito territorial.

3.4. Otras técnicas de prevención o protección

Actualmente, **coexisten dos modelos de sistemas de gestión ambiental cuya finalidad es mejorar el comportamiento ambiental de la empresa:** la **Norma UNE-EN-ISO 14001:2004** sobre *Sistemas de Gestión Ambiental. Requisitos con orientación para su uso*; y el **Reglamento EMAS (Reglamento CEE 761/2001 de 19 de marzo 2001)**, por el que se permite que las organizaciones se adhieran con carácter voluntario a un sistema comunitario de gestión y auditorías medioambientales.

3.4.1. Norma ISO 14001

ISO 14000 es el nombre genérico de una familia de normas de gestión ambiental que se basa en una serie de principios:

- Mejorar la gestión ambiental.
- Ser aplicable en todos los países.
- Satisfacer los intereses de los usuarios de la norma y del público en general.
- Ser flexible y adaptarse a las necesidades diferenciadas de las organizaciones.
- Ser adecuada para la verificación interna o externa.
- Tener una base científica.
- Ser práctica y útil.

La familia de normas puede clasificarse en los siguientes tipos:

- Sistemas de Gestión Ambiental.
- Auditorías Ambientales.
- Evaluación del comportamiento ambiental.
- Análisis del ciclo de vida.
- Etiquetas ambientales.

De ellos, los **sistemas de gestión ambiental** tienen los estándares de referencia que se indican a continuación:

- Norma UNE-EN-ISO 14001:2004: *Sistemas de Gestión Ambiental. Requisitos con orientación para su uso*.
- Norma UNE-ISO 14004:2004: *Sistemas de Gestión Ambiental. Directrices generales sobre principios, sistemas y técnicas de apoyo*.
- Norma ISO 14050:2002: *Gestión Ambiental. Vocabulario*.

La **norma** internacional **ISO 14001** proporciona **orientación** sobre el establecimiento, implementación, mantenimiento y mejora de un sistema de gestión ambiental y su coordinación con otros sistemas de gestión, con la finalidad de **ayudar** a las organizaciones a **alcanzar** los **objetivos que ellas mismas se propongan**. Las **directrices** que marca son aplicables a cualquier organización independientemente de su tamaño, tipo, ubicación o nivel de madurez.

3.4.2. Pasos para implantar un SGA

De una forma muy general, las fases fundamentales a seguir para la adopción de un sistema de gestión ambiental, siguen el siguiente esquema:

- **Requisitos Generales**: La organización debe establecer, documentar, implementar, mantener y mejorar continuamente un sistema de gestión ambiental de acuerdo con los requisitos de la norma, y determinar cómo cumplirá estos requisitos.
- **Política Ambiental**: Es una declaración pública y formalmente documentada, elaborada por la alta dirección, sobre las intenciones y principios de acción de la empresa acerca de su actuación ambiental, en la que se destacan sus objetivos generales, incluidos tres puntos clave: la mejora continua, el enfoque preventivo con la contaminación, y el compromiso de cumplir la legislación ambiental relevante y otros compromisos existentes.
- **Planificación**: Establecimiento de objetivos y programas.
- **Implementación y operación**: Puesta en marcha de la planificación adoptada, que continúa con la realización de controles para comprobar la eficacia de las acciones emprendidas. En caso de que estas acciones no conduzcan a los resultados previstos, se adoptarán medidas correctoras.
- **Verificación**: Procedimiento para el seguimiento, medición y establecimiento de acciones correctivas y preventivas.

- **Revisión por la Dirección**: La alta dirección debe revisar el sistema de gestión ambiental de la organización a intervalos planificados, para asegurarse de su conveniencia, adecuación y eficacia continuas.

3.4.3. Guía Medioambiental para el sector de hostelería. Pasos para Implantar EMAS

De una forma general, las fases de implantación de la herramienta EMAS son:

P= Planificación

1. Definición de la política medioambiental.
2. Identificación de impactos medioambientales significativos.
3. Requisitos legales.
4. Definición de objetivos y metas medioambientales a conseguir.
5. Definición del programa de gestión medioambiental.

R= Realización

6. Estructura y responsabilidades.
7. Formación, concientización y competencia.
8. Comunicación.
9. Documentación del sistema de gestión medioambiental.
10. Control de documentación.
11. Control operativo.
12. Plan de contingencia y de emergencia.

C= Comprobación

13. Seguimiento y medición.
14. Disconformidad, acciones correctivas y preventivas.
15. Registros.
16. Auditoría interna del sistema de gestión medioambiental.

A= Actuación

17. Revisión por la dirección.
18. Declaración medioambiental.
19. Validación, comunicación y registro.

3.4.4. Comunicación

3.4.4.1. Memorias de sostenibilidad

La empresa actual debe legitimarse en la sociedad moderna no solo en términos económicos, sino que además ha de mantener la confianza de quienes se relacionan con ella y reclaman nuevos planteamientos sociales, medioambientales y de derechos humanos.

La memoria de sostenibilidad es un nuevo tipo de informe corporativo de carácter público que cada vez más sociedades están presentando de modo regular y que recoge los resultados de las tres dimensiones de la sostenibilidad: la económica, la medioambiental y la social.

3.4.4.2. Responsabilidad Social Corporativa (RSC)

Responsabilidad social corporativa , responsabilidad social empresarial o responsabilidad corporativa: es la integración voluntaria de políticas medioambientales y sociales en las operaciones diarias de la empresa y en las relaciones con las "partes interesadas".

La Responsabilidad social de la empresa presenta un doble ámbito: interno y externo a la empresa.

En su ámbito interno se refiere al respeto al medio ambiente en la actividad de la empresa, en la medida en que la calidad y la conservación de éste preocupa a los grupos de interés.

4. Gestión del agua y de la energía en establecimientos de hostelería

Introducción

En este epígrafe o apartado se trata de dar una visión general sobre dos aspectos relevantes para un a adecuada gestión o explotación de un negocio de hostelería: El agua y las fuentes de energía utilizadas. Aspectos ambos que deben tenerse en cuenta por varias causas: en cuanto a los requisitos y normativa que nos obligan a ello, en cuanto a lo que supone de ahorro energético y económico para la empresa y en cuanto a la propia responsabilidad social con un entorno que cada vez demanda más este comportamiento responsable y ético.

Contenido

4.1. Consumo de agua. Buenas prácticas ambientales en el uso eficiente del agua

Citaremos en primer lugar la normativa básica existente respecto al uso del agua y que puede servir de punto de partida para un uso adecuado de este recurso:

- REAL DECRETO 140/2003, de 7 de febrero, por el que se establecen los criterios sanitarios de la calidad del agua de consumo humano que en su artículo 2 indica lo siguiente (en subrayado los aspectos más relevantes en lo referente a la hostelería):

Artículo 2. Definiciones.

A los efectos de esta disposición se entenderá por:

1. *Agua de consumo humano:*

   a) *Todas aquellas aguas, ya sea en su estado original, ya sea después del tratamiento, utilizadas para beber, cocinar, preparar alimentos, higiene personal y para otros usos domésticos, sea cual fuere su origen e independientemente de que se suministren al consumidor a través de redes de distribución públicas o privadas, de cisternas, de depósitos públicos o privados.*

   b) *Todas aquellas aguas utilizadas en la industria alimentaria para fines de fabricación, tratamiento, conservación o comercialización de productos o sustancias destinadas al consumo humano, así como las utilizadas en la limpieza de las superficies, objetos y materiales que puedan estar en contacto con los alimentos.*

   c) *Todas aquellas aguas suministradas para consumo humano como parte de una actividad comercial o pública, con independencia del volumen medio diario de agua suministrado.*

2. *Autoridad sanitaria: la Administración sanitaria autonómica competente u otros órganos de las comunidades autónomas en el ámbito de sus competencias.*

3. *Gestor y/o gestores: persona o entidad pública o privada que sea responsable del abastecimiento o de parte del mismo, o de cualquier otra actividad ligada al abastecimiento del agua de consumo humano.*

4. *Abastecimiento: conjunto de instalaciones para la captación de agua, conducción, tratamiento de potabilización de la misma, almacenamiento, transporte y distribución del agua de consumo humano hasta las acometidas de los consumidores, con la dotación y calidad previstas en esta disposición.*

5. *Agua destinada a la producción de agua de consumo humano: aquellas aguas que, independientemente de su origen, sufran o no un tratamiento, vayan a ser utilizadas para el consumo humano.*
6. *Fuente natural: las captaciones no utilizadas con fines comerciales y no conectadas a depósitos, cisternas o redes de distribución.*
7. *Punto de muestreo: el lugar para la toma de muestras de agua de consumo humano para el control de la calidad de ésta.*
8. *Valor paramétrico: el nivel máximo o mínimo fijado para cada uno de los parámetros a controlar.*
9. *Resultado: el valor cuantificado de un parámetro con un método de ensayo concreto y expresado en las unidades fijadas en el anexo I.*
10. *Plaguicida: los insecticidas, herbicidas, fungicidas, nematocidas, acaricidas, alguicidas, rodenticidas, molusquicidas orgánicos, metabolitos, productos de degradación o reacción y los productos relacionados como los reguladores de crecimiento.*
11. *Sustancia: todo producto (sustancia o preparado) que se agregue al agua o sea empleado en su potabilización o mejora, así como los utilizados para la limpieza de superficies, equipos, recipientes o utensilios que estén en contacto con el agua de consumo humano.*

    A estos efectos se dividen en los siguientes grupos:

    a) *"Desinfectantes para agua": productos empleados para la desinfección del agua de consumo humano.*
    b) *"Desinfectantes para superficies": productos empleados para la desinfección de equipos, recipientes, utensilios para el consumo, superficies o tuberías relacionadas con la producción, transporte, almacenamiento y distribución del agua de consumo humano.*
    c) *"Alguicidas y antiincrustantes": productos que eliminan o impiden el desarrollo de algas en el agua destinada a la producción del agua de consumo humano o tengan acción antiincrustante o desincrustante.*
    d) *"Otras sustancias": todo producto que no esté incluido en los apartados anteriores.*
12. *Estación de tratamiento de agua potable (ETAP): conjunto de procesos de tratamiento de potabilización situados antes de la red de distribución y/o depósito, que contenga más unidades que la desinfección.*
13. *Producto de construcción en contacto con agua de consumo humano: todo producto de construcción, de revestimiento o utilizado en los procesos de*

montaje de las captaciones, conducciones, ETAPs, redes de abastecimiento y distribución, depósitos, cisternas e instalaciones interiores que estén situadas desde la captación hasta el grifo del consumidor.

14. *Conducción: cualquier canalización que lleva el agua desde la captación hasta la ETAP o, en su defecto, al depósito de cabecera.*
15. *Depósito: todo receptáculo o aljibe cuya finalidad sea almacenar agua de consumo humano ubicado en la cabecera o en tramos intermedios de la red de distribución.*
16. *Red de distribución: conjunto de tuberías diseñadas para la distribución del agua de consumo humano desde la ETAP o desde los depósitos hasta la acometida del usuario.*
17. *Punto de entrega: lugar donde un gestor de una parte del abastecimiento entrega el agua al gestor de la siguiente parte del mismo o al consumidor.*
18. *Acometida: la tubería que enlaza la instalación interior del inmueble y la llave de paso correspondiente con la red de distribución.*
19. *Instalación interior: el conjunto de tuberías, depósitos, conexiones y aparatos instalados tras la acometida y la llave de paso correspondiente que enlaza con la red de distribución.*
20. *Aparatos de tratamiento en edificios: cualquier elemento o accesorio instalado tras la acometida o llave de paso o en la entrada a la instalación interior o en el grifo del consumidor, con el objeto de modificar u optimizar la calidad del agua de consumo humano.*
21. *Zona de abastecimiento: área geográficamente definida y censada por la autoridad sanitaria a propuesta del gestor del abastecimiento o partes de éste, no superior al ámbito provincial, en la que el agua de consumo humano provenga de una o varias captaciones y cuya calidad de las aguas distribuidas pueda considerarse homogénea en la mayor parte del año.*

    Cada zona de abastecimiento vendrá definida por cuatro determinantes:

    a) *Denominación única dentro de cada provincia.*
    b) *Código de identificación.*
    c) *Número de habitantes abastecidos.*
    d) *Volumen medio diario de agua suministrada considerando el cómputo anual.*

4.1.1. Consumo de agua

El consumo de agua de un negocio de hostelería deberá contar con suministro de agua potable suficiente para satisfacer sus necesidades y trabajar adecuadamente garantizando la total higienización de la misma. Hoy en día, en la mayoría de los casos, procede de una red pública de abastecimiento aunque existe la posibilidad de otros suministros como captación propia, siempre que se cumpla la normativa legal vigente, por ejemplo con la presencia de depósitos.

Para la realización de un estudio lo más completo posible del agua usada en el establecimiento se deberán tener en consideración tres puntos:

1. Procedencia del agua.
2. Usos del agua.
3. Destino del agua utilizada.

4.1.1.1. Procedencia del agua

El agua del establecimiento puede tener dos procedencias claramente diferenciadas: de la red pública o de una captación propia.

Cuando el agua procede de la red de abastecimiento público, el encargado del suministro debe aportar agua potable, se debe comprobar de forma periódica su grado de cloración, así como obtener un análisis de los realizados por el suministrador.

Es bastante habitual dar al agua diversos tratamientos, como el almacenamiento en depósitos o la descalcificación. En caso de almacenarse el agua en un depósito ésta deberá clorarse, comprobándose de forma diaria que los niveles de cloro son correctos. No se debe dejar el agua retenida por largos periodos de tiempo, pues de esta forma pierde el cloro. Para evitar esto el agua circulará de forma continua a través del depósito o de lo contrario se renovará con la periodicidad necesaria.

Cuando el tratamiento dado al agua sea para eliminar su dureza, como resinas de intercambio o equipos de ósmosis inversa, se comprobará el nivel de cloro a la salida del equipo para, en caso necesario, proceder a su cloración.

El agua procedente de una captación propia deberá tener un análisis normal, antes de iniciarse su uso, y un análisis completo anual. Esta agua deberá ser clorada de forma automática, analizándose el nivel de cloro diariamente.

Con respecto a la cloración, hemos de señalar que para que ésta sea efectiva el cloro debe estar en contacto con el agua un mínimo de 20 minutos antes de su uso, pues de lo contrario el tratamiento no sería efectivo. Es por ello que el lugar idóneo para instalar el clorador es a la entrada del depósito.

Para que los controles de cloro sean efectivos y reflejen la realidad del establecimiento es necesario que se realice de manera sistemática en todos los puntos de agua del establecimiento, pues pueden existir en nuestra instalación tramos muertos y acodaduras que ocasionen pérdidas. Para asegurarnos de una correcta toma de muestras es preciso realizar un plano en el cual se indiquen todos los puntos de agua del establecimiento, las conducciones, depósitos, cloradores y captaciones, así como las fuentes y conducciones de agua no potable que pudieran existir, siendo éstas perfectamente señalizadas e identificadas.

4.1.1.2. Usos del agua

Los principales usos del agua son limpieza y desinfección, higiene personal, acondicionamiento de alimentos, elaboración de comidas y como agua de bebida. Para todos estos usos el agua deberá ser potable, quedando restringido el uso de agua no potable para la extinción de incendios, producción de vapor y como refrigerante.

4.1.1.3. Destino del agua utilizada

Puede ser la red de saneamiento pública o sistemas de eliminación propios como pozos negros o fosas sépticas. En este último caso se deberá indicar su ubicación y tomar las precauciones necesarias para evitar que sea una fuente de contaminación adicional.

El APPCC debe incluir un plan de agua potable que incluya:

- Indicar la procedencia del agua: puede ser de la red pública, pozo propio, o de la red pública con un depósito intermedio.
- Indicar los usos del agua: limpieza y desinfección de equipos, superficies e instalaciones, higiene del personal, elaboración de comidas, beber, etc.
- Indicar si existe alguna fuente de agua no potable y la forma en que estos están señalizados, así como el uso que se hace de la misma.
- Indicar los controles y analíticas que se realizarán del agua, así como la frecuencia de los mismos.
- Realizar un plano de la industria en el que se indiquen todos los puntos anteriormente expuestos, así como de las tomas de agua.

4.1.2. Buenas prácticas ambientales en el uso eficiente del agua

- Repare las fugas en cuanto se detecten, simplemente un grifo o una cañería goteando derrochan litros de agua y da una mala imagen de su negocio.

- Las llaves de paso individuales de su instalación pueden tener demasiada presión de la red de abastecimiento lo que constituye un derroche y un peligro de averías.
- Ajuste la grifería a caudales eficientes, y de ser posible ajuste con mecanismos temporizadores los intervalos de funcionamiento (grifos temporizados), instale perlificadores que disminuyen el consumo e instale grifos con limitador de caudal.
- Revise las posibilidades de instalación de sistemas de descarga ahorradores en su viejo inodoro (incluso es posible disminuir el consumo de agua simplemente introduciendo en el depósito de las cisternas un objeto que disminuya el volumen de agua de las mismas). Opte por los sistemas de doble descarga o interrupción de descarga, que son más eficientes y hoy en día tienen un coste muy económico.
- La máquina de hielo debe funcionar correctamente; algunos modelos antiguos funcionan en continuo o no cortan la entrada de agua cuando se forma el hielo, lo que origina importantes consumos.
- Complete los ciclos de su lavavajillas y aproveche completamente la capacidad de su lavavajillas. Ahorrará agua y, sobre todo, energía.
- Siga las instrucciones para un buen mantenimiento de los elementos de consumo de agua (electrodomésticos, utillaje) y fomente la adopción de hábitos correctos entre el personal y sus clientes.
- Instale avisos y carteles con mensajes de ahorro de agua (en las instalaciones internas de cara a sus empleados y en los servicios higiénicos del establecimiento para sus clientes), o que ofrezcan una explicación del uso del inodoro (en el caso de los sistemas de doble pulsación o interrupción de descarga).

4.2. Consumo de energía. Ahorro y alternativas energéticas. Buenas prácticas ambientales en el uso eficiente de la energía

4.2.1. Consumo de energía

El gasto energético de las empresas de restauración es una de las partidas más importantes dentro de los servicios externos contratados y, por tanto, debe ser objeto de estudio prioritario por parte de los empresarios del sector con el objetivo de reducir su consumo energético. Esto redundará en un abaratamiento de sus costes y, por tanto, conseguirán ser más competitivos en el mercado.

Pero para a empezar a ahorrar lo primero es saber cuánto se consume y en qué. Para determinarlo se realizan las auditorías energéticas, cuyas conclusiones sirven para diseñar planes de ahorro y eficiencia energética con las medidas más adecuadas para cada caso. En este sentido, se estima que alrededor del 60% del consumo energético de una empresa de restauración se debe a la maquinaria existente (cocinas, principalmente), mientras que cerca de otro 25% se gasta en climatización —calefacción y aire acondicionado.

4.2.2. Buenas prácticas ambientales en el uso de la energía

- Apagar las luces del puesto de trabajo cuando no sean necesarias.
- Apagar las luces de los servicios y de las salas cuando no se estén utilizando.
- Usar la climatización solo cuando sea necesario. Evitar las corrientes de aire y cerrar correctamente puertas y ventanas, así se evitan pérdidas en los sistemas de aire acondicionado y calefacción y se disminuye el consumo de energía.
- Usar luz natural en la medida de lo posible. Mantenga las ventanas limpias.

En cuanto a la climatización:

- Comprobar los niveles de almacenamiento del combustible necesario para la calefacción, así se puede evitar la existencia de fugas y la producción de residuos.
- Controlar la temperatura tanto en invierno como en verano (se considera apropiado mantenerse en torno a los 22 °C).
- Aislar los edificios; se hará más eficaz la climatización evitando un consumo innecesario.

En cuanto a los electrodomésticos:

- Conectar los lavavajillas y las lavadoras a carga completa, ya que el uso a media carga implica mayor consumo de agua, energía y detergente.
- El mayor consumo de energía es debido al calentamiento del agua de los electrodomésticos, es aconsejable mantener los termostatos a una temperatura no muy elevada y constante.
- Limpiar frecuentemente los hornos, fuegos y placas para evitar que se acumulen grasas que impidan la transmisión de calor.

5. Buenas prácticas ambientales en los procesos productivos de establecimientos de hostelería

Introducción

En este epígrafe o apartado contemplamos la importancia de llevar a cabo un proceso de gestión de las compras de géneros así como su posterior uso y almacenamiento en unas condiciones idóneas para evitar pérdidas innecesarias en lo económico y lo organizativo. Desde la fase de compras y aprovisionamiento, pasando por la utilización y reutilización o aprovechamiento de alimentos hasta la correcta recepción de pedidos.

Contenido

5.1. Compras y aprovisionamiento

- Realizar el abastecimiento de forma racional, adquirir la cantidad necesaria en lotes adecuados. Controlar las fechas de caducidad de los productos. Todo ello no solo por cuestiones económicas, sino también por evitar despilfarros en géneros y acumulación de residuos.
- Inspeccionar los materiales antes de su compra y aceptación; los proveedores hoy en día suelen entregar sus envíos de forma adecuada y en las condiciones óptimas, pero pueden darse casos de error en las cantidades, deterioro de géneros, caducidades cercanas para el volumen adquirido, etc.
- Atender al criterio ambiental en el aprovisionamiento, mediante la elección de materiales, productos y suministradores con certificación ambiental. Fomentar y educar al personal de la empresa en la compra de productos ecológicos y de productos en envases reciclables, esto nos lo pueden certificar varios sellos de entidades certificadoras y de sistemas de gestión: etiqueta ecológica de la U.E., AENOR de medio ambiente, punto verde, etc.
- Se deben utilizar como materias primas los productos y los alimentos de la zona, lo cual ayudará a sostener las actividades productivas (cada vez tienen más presencia los movimientos *Slow Food*, Km.0, etc.) que generan menos costes en transportes así como menos residuos al no requerir tantas cajas, envases y envoltorios si la entrega es inmediata.
- Seleccionar, en lo posible, productos con envases fabricados con materiales reciclados, biodegradables y retornables.
- Comprar productos a granel, ya que los productos comprados en pequeñas cantidades multiplican el número de envoltorios y envases, generando un aumento de la cantidad de residuos.
- Elegir productos con el menor número de envoltorios.
- Usar papel reciclado libre de cloro. Promover la utilización de papel reciclado para facturas, cartas de restaurante, sobres, tarjetas de visita y demás material.
- Emplear materiales resistentes a las variaciones de temperatura y duraderos que eviten reposiciones continuas con la consiguiente generación de residuos.
- Evitar el uso de papel de aluminio y recubrimientos plásticos, sustituyéndolos por recipientes que se puedan reutilizar.

Almacenamiento

- Observar los requisitos de conservación de las materias primas y alimentos en cuanto a temperaturas, humedad y colocación.
- Utilizar los productos y rotarlos según su fecha de caducidad, dependiendo de sus características (FIFO, LIFO, PMP). Utilizar sistemas informáticos para el seguimiento de las materias primas, o al menos hacer un seguimiento detallado de forma manual.

5.2. Elaboración y servicio de alimentos y bebidas

a. Calcular bien las cantidades, evitar que sobren y se echen a perder alimentos; emplear y promover las técnicas de reutilización y aprovechamiento de géneros.

b. Procurar utilizar todas las partes del producto, evitando sobras innecesarias.

c. En la cocina, utilizar los subproductos o restos de la elaboración de un plato para elaborar otros.

d. Conservar y gestionar bien los depósitos de mercancías para evitar que los alimentos se echen a perder o caduquen. Seguir estrictamente los requisitos de conservación de los alimentos.

e. Escoger productos con distintivos reguladores de su origen; son una garantía de calidad y una contribución a la economía local. Las figuras de las marcas de calidad como denominaciones de origen (D.O.), indicación geográfica protegida (I.G.P.) y especialidades tradicionales garantizadas (E.T.G.) son un buen ejemplo de ello.

5.3. Limpieza, lavandería y lencería

Productos peligrosos de limpieza:

- Utilizar pulverizadores manuales para evitar los aerosoles, que contienen propelentes perjudiciales para la capa de ozono.
- Elegir productos de limpieza no agresivos, seguir sus instrucciones de manejo. Realizar la limpieza con vinagre, detergentes biodegradables, sin fosfatos, sin cloro, no corrosivos, etc., y que dispongan de etiquetas que garanticen la inocuidad del producto.

- Seguir las instrucciones de uso, consultar las etiquetas y las Fichas de Seguridad de los productos (solicitarlas a los proveedores). Mantener aislados, cerrados y etiquetados los productos peligrosos.
- Informarse y aprender a identificar los símbolos de peligrosidad y toxicidad de los productos. Escoger, siempre que sea posible, las alternativas menos nocivas para el entorno y la salud.
- Mantener separados y aislados los productos peligrosos del resto, especialmente de los alimentos. Especialmente importante en el caso de productos de limpieza profesional, especialmente agresivos y nocivos mal almacenados.

Lencería:

- La lencería vieja (manteles, cubre manteles, servilletas) se pueden reutilizar como trapos de limpieza. Se debe minimizar el empleo de servilletas o rollos de papel para tal fin, pues aumentamos la cantidad de residuos generados.

Lavandería:

- Solicitar a los huéspedes en el caso de establecimientos de alojamiento y los empleados su colaboración, evitando el cambio excesivo de toallas, bayetas, litos, etc., salvo cuando sea necesario por higiene, de manera que se evite el lavado innecesario de toallas limpias, paños y bayetas.
- Si el servicio de lavandería se realiza en las propias instalaciones, deberá procurarse que las máquinas se encuentren en buen estado y a ser posible renovarlas por aquellas que tengan menor consumo de agua y energía. Si el servicio se contrata con una empresa especializada en la selección de la misma, se tendrá en cuenta su posible certificación ISO 14001 o en su caso que cuente con equipos modernos de bajo consumo.

5.4. Recepción y administración

La recepción de materias primas es el primer punto en el que se pueden adoptar buenas prácticas ambientales:

- La recepción de mercancías se establecerá con unos horarios determinados con el fin de que se pueda realizar un control efectivo en el momento de su entrada en el establecimiento y evitar así deterioros y malas prácticas (este paso a veces es difícil de aplicar en hostelería).
- En el control de recepción de materias primas se tendrá en cuenta generalmente: envasado y embalado correcto, minimizando los materiales del mismo, evitando plásticos, cajas, cartones, etc., innecesarios.

- En el caso de vegetales frescos, frutas, verduras y hortalizas no se aceptarán si los mismos presentan parásitos o anomalías que no puedan ser reducidos hasta un límite aceptable mediante los procedimientos normales de selección.
- El vehículo y las condiciones de transporte serán correctas en lo referente a temperaturas y estado higienicosanitario, realizando de forma rápida el paso a cámaras de frío y congelación para evitar mantener las mismas abiertas con el consiguiente aumento de la temperatura e incremento del consumo de energía.

En cuanto a la administración:

- Comprobar, en el momento de la entrega, los albaranes en lo referido a cantidades y formatos, preferiblemente en presencia del proveedor, todo ello de cara a evitar dobles consumos o pedidos excesivos.
- Recoger en el libro de recepción de pedidos o en el sistema informático la entrega de géneros de forma inmediata para evitar olvidos y, por ello, dobles compras.
- Implementación de un sistema FIFO (*«First In, First Out»*; lo primero en entrar es lo primero en salir) de gestión del almacén de cara a evitar pérdidas por deterioro o caducidad de géneros, pensando en este caso, no ya tanto en la pérdida económica sino en la generación de residuos innecesarios.

5.5. Mantenimiento

En este apartado debemos tener en cuenta lo referido al mantenimiento de instalaciones, calefacción, climatización, y equipamientos de maquinaria. Se puede observar su importancia en los siguientes puntos:

- Mantener limpias las bombillas y focos de luz permite un ahorro de un 10%.
- Sustituir los sistemas de alumbrado tradicional (bombillas) por elementos de bajo consumo puede reducir el consumo hasta un 80%.
- Una calefacción o climatización en mal estado consume hasta un 50% más; es necesaria su revisión y limpieza periódica, tanto de emisores como de depósitos si se utiliza gasóleo. Igualmente deben revisarse filtros de equipos de aire y cargas de gas en cámaras.
- Un aislamiento adecuado del local evita pérdidas de temperatura y el consiguiente aumento del consumo.

6. Seguridad y situaciones de emergencia en la actividad de hostelería

Introducción

En este epígrafe o apartado daremos una visión completa de un concepto básico para llevar a cabo nuestro trabajo: la seguridad personal y de las instalaciones. Tanto en aspectos normativos como en lo referido a medidas de seguridad de edificios, instalaciones y utensilios como en lo referido a los primeros auxilios en situaciones de accidente o daños. Siempre incidiendo en que deben adoptarse medidas preventivas para evitar que los posibles riesgos se conviertan en daños y sabiendo como reaccionar una vez producidos los accidentes laborales. Todo ello con la premisa de actuar sobre lo conocido y asesorados por los expertos correspondientes (médicos, bomberos y personal adiestrado).

Contenido

6.1. Seguridad: Factores y situaciones de riesgo más comunes

Debe tenerse en cuenta la Normativa vigente que, de forma sintética, es la siguiente:

- Ley 31/1995 de 8 de noviembre, de Prevención de Riesgos Laborales *(Boletín Oficial del Estado número 269 de 10 de noviembre de 1995)*
- (Actualización: LEY 50/1998 (BOE 31/12/98)
- (Actualización: LEY 39/1999 (BOE 06/11/99)
- (Actualización: RDL 5/2000 (BOE 08/08/00)
- (Actualización: LEY 54/2003 (BOE 13/12/03)
- (Actualización: LEY 30/2005 (BOE 30/12/05)
- (Actualización: LEY 31/2006 (BOE 19/10/06)
- (Actualización: LEY ORGÁNICA 03/2007 (BOE 23/03/07)
- (Actualización: LEY 26/2009 (BOE 24/12/09)
- (Actualización: LEY 32/2010 (BOE 06/08/10)

Los factores de riesgo son los elementos o conjunto de circunstancias que están presentes en las condiciones de trabajo y que pueden dar lugar a una disminución o menoscabo de la salud del trabajador.

Los riesgos laborales son la posibilidad de que un trabajador sufra un determinado daño derivado de su trabajo. La calificación de su gravedad dependerá de la probabilidad de que se produzca el daño y de la severidad del mismo.

Riesgos más habituales:

- Accidentes por caída al mismo nivel o a distinto nivel.
- Golpes con elementos salientes.
- Trastornos musculoesqueléticos por transporte de cargas.
- Enfermedades cardiovasculares (varices).
- Problemas auditivos.
- Incendios.
- Quemaduras.
- Cortes.
- Lesiones por contacto con productos químicos.
- Accidentes eléctricos.
- Estrés.

6.1.1. Identificación e interpretación de las normas específicas de seguridad

Para identificar e interpretar las normas de seguridad (medidas preventivas) debemos primero conocer de forma sucinta los posibles peligros de cada uno de los riesgos mencionados, para, de esa forma, poder aplicar la prevención idónea en cada caso:

6.1.1.1. Caídas en el mismo plano

- Por suelos sucios o resbaladizos.
- Por obstáculos en los pasos.
- Por falta de iluminación.
- Por suelos irregulares.

Medidas preventivas:

- Eliminar suciedad, restos, derrames de líquidos y grasas limpiándolos adecuadamente.
- Retirar los envases y utensilios que no se estén usando.
- Caminar despacio sin correr.
- Señalizar los obstáculos que no se puedan retirar.
- Mantener un buen nivel de iluminación.
- Utilizar calzado adecuado antideslizante.
- Poner suelos antideslizantes en los espacios que sea posible.

6.1.1.2. Caídas desde distinto nivel

- Escaleras.
- Altillos.
- Huecos de escaleras, fosos o similar.
- Desniveles en las zonas de trabajo.

Medidas preventivas:

- Mantener las escaleras limpias, secas y despejadas de cualquier objeto.
- Colocar barandillas de protección en los altillos y huecos.
- Iluminar adecuadamente.

6.1.1.3. Cortes

- Picadoras, batidoras, etc.
- Cuchillos, machetas y demás utensilios con filo.
- Latas, envases.
- Maquinaria de corte: picadoras, amasadoras, etc.

Medidas preventivas:

- Adquisición de maquinaria homologada y certificada.
- Proteger los cortes de máquinas y utensilios con fundas.
- Adiestrar al personal en el manejo de herramientas y maquinaria, siguiendo las instrucciones del fabricante.
- Mantener la cuchillería convenientemente afilada.
- Usar la cuchillería sobre superficies adecuadas y estables.
- Usar los equipos de protección adecuados (guante de carnicero y gafas).

6.1.1.4. Quemaduras

- Con la batería de cocina y envases.
- Freidoras, hornos y fogones.
- Directamente con fuegos o vapores de maquinaria.

Medidas preventivas:

- No llenar completamente los recipientes.
- Comprar material homologado.
- Orientar mangos y asas al interior.
- Cambiar y vaciar el aceite en frío.
- Proteger las manos al agarrar utensilios y batería.
- Avisar de que se circula con elementos calientes.
- Utilizar uniformes de manga larga y calzado adecuado.

6.1.1.5. Contacto eléctrico:

- Cables y dispositivos de conexión.
- Interruptores eléctricos y enchufes de maquinaria, utensilios e instalaciones.
- Manejo con manos mojadas o sobre suelo húmedo.

- Modificaciones en instalaciones o aparatos.

Medidas preventivas:

- Comprobación de enchufes, cajas, conexiones y cables.
- Aislamiento de las partes peligrosas, ponerlas alejadas del contacto directo.
- Si un aparato o instalación se estropea, señalizarlo adecuadamente y retirar si es posible.
- No utilizar los aparatos con las manos mojadas o el suelo húmedo.
- No limpiar ni efectuar labores de mantenimiento sin desenchufar los aparatos.
- No manejar ni verter líquidos cerca de conexiones.

6.1.1.6. Contacto con sustancias químicas:

- Detergentes, desengrasantes y productos abrasivos.
- Aerosoles.

Medidas preventivas:

- Utilizar productos debidamente homologados y etiquetados.
- Evitar contacto con la piel mediante el uso de guantes.
- Al verter en agua hacerlo sobre ésta y no el agua sobre el producto.
- Mantener los envases originales y siempre cerrados.
- Almacenar en lugares adecuados y aislados.
- Limpiar en profundidad cuando se haya acabado el trabajo en sala o cocina.
- No utilizar elementos cortantes para descongelar cámaras.
- Emplear aerosoles lejos de llamas o fuentes de calor.
- Mantener el local o espacio bien ventilado durante su uso.
- Evitar respirar los vapores desprendidos.
- No mezclar sustancias peligrosas que puedan reaccionar entre sí.

6.1.1.7. Incendios:

- Elementos inflamables como cartones, papel, lencería etc.
- Líquidos inflamables.
- Presencia de focos: fuegos, hornillos, etc.).

- Instalaciones y llaves de gas.

Medidas preventivas:

- Mantener la zona de trabajo limpia y despejada de elementos inflamables.
- Tener al día extintores, instalaciones de gas y maquinaria de trabajo.
- Aislar los líquidos inflamables y utilizar en medidas pequeñas.
- Adiestrar al personal en el manejo de extintores.
- Señalizar salidas de emergencia y colocar planos de situación.
- Realizar simulacros de evacuación y dar formación al personal.

6.1.1.8. Manejo de cargas y movilidad:

- Alzado y transporte de cargas diversas.
- Almacenamiento en zonas elevadas.
- Carga en espacios incómodos por pequeños o estrechos.
- Trabajo de pie.
- Realizar movimientos repetitivos y automatizados.

Medidas preventivas:

- Realizar las cargas de forma adecuada, cerca del cuerpo y en posición erguida.
- Utilizar medios como carretillas o escalerillas que faciliten el trabajo.
- Ayudarse de otras personas o disminuir el peso de la carga.
- Realizar descansos y cambiar de postura periódicamente.

6.1.1.9. Estrés:

- Jornada laboral excesiva.
- Trabajos imprevistos.
- Falta de planificación.
- Picos de trabajo.
- Falta de coordinación, mal clima laboral.

Medidas preventivas:

- Distribuir la carga laboral adecuadamente teniendo en cuenta las capacidades de cada uno.

- Reforzar la plantilla en los picos de trabajo o jornadas especiales.
- Disponer de material y maquinaria adecuados.
- Dar periodos de descanso durante la jornada, de forma semanal y en forma de vacaciones.
- Motivar al personal.
- Marcar objetivos y prioridades en la jornada y la temporada.
- Impedir enfrentamientos entre la plantilla, cortándolos de forma tajante.

6.1.2. Condiciones específicas de seguridad que deben reunir

Se ha tomado como criterio base el Real Decreto 2817/83, de 13 de octubre, por el que se aprueba el Reglamento Técnico Sanitario de Comedores Colectivos. (B.O.E. 11-11-83) que, aunque ampliado en legislación posterior, puede ser un punto de partida adecuado.

6.1.2.1. Locales

Artículo 3º. De los locales

1. *Todos los locales destinados a comedores y a la manipulación de alimentos a consumir en aquéllos estarán convenientemente diferenciados y debidamente aislados de otros ajenos a sus cometidos específicos.*
2. *Los comedores colectivos en los que se preparan alimentos dispondrán de locales de almacenamiento, así como de instalaciones frigoríficas para aquellos productos que requieran conservación por el frío, con capacidad siempre acorde con su volumen de consumo.*
3. *En su construcción, acondicionamiento o reparación se emplearán materiales idóneos y en ningún caso susceptibles de originar intoxicaciones o contaminaciones.*
4. *Las paredes internas, suelos, ventanas, techos, el trabajo de carpintería y todas las demás partes de los locales destinados al servicio de comidas deberán estar construidos de tal forma y mantenidos en orden, reparación y condiciones tales que puedan limpiarse eficazmente y sin deterioro.*
5. *Los locales de servicio de comidas, así como los de elaboración o manipulación, conservación y almacenamiento, en todo caso, deberán ser adecuados para el uso a que se destinan situados a conveniente distancia de cualquier posible causa de suciedad, contaminación o insalubridad y sepa-*

rados de viviendas o locales donde pernocte cualquier clase de personal. No podrán utilizarse para dormitorio ni comunicar directamente con un lugar de servicios higiénicos, vestuario y aseos.

6. *Le serán de aplicación los reglamentos vigentes para todas las instalaciones, maquinarias y utensilios disponibles, así como los relativos a dimensiones mínimas, ya establecidas por los diferentes Organismos competentes.*

6.1.2.2. Instalaciones

Artículo 4º. De las cocinas

1. *Los locales deberán ser apropiados para el uso al que se destinan, con emplazamiento y orientación adecuados; serán de dimensiones suficientes, con accesos fáciles.*
2. *Los suelos estarán construidos con materiales no absorbentes, resistentes y no atacables por ácidos o álcalis empleados en la limpieza. Serán fáciles de limpiar y tendrán una inclinación suficiente hacia los sumideros que permita la evacuación de agua y otros líquidos. Estarán provistos de desagües con los dispositivos adecuados (sifones, rejillas) que eviten olor y el acceso de roedores.*
3. *Los paramentos verticales tendrán superficies lisas, no absorbentes, de color claro y revestidos de material o pintura que permita ser lavado sin deterioro.*
4. *Las cubiertas o techos estarán construidos de forma que no se acumule polvo ni vapores de condensación, serán de fácil limpieza y siempre estarán en condiciones tales que no puedan aportar contaminación a los productos. Las uniones de paramentos verticales y horizontales serán redondeadas.*
5. *La ventilación natural y/o forzada (artificial) será la apropiada (capaz de cubrir con eficacia su función) a la capacidad del local. Se prestará especial atención a la ventilación de los lugares y maquinaria que emitan calor y humedad desagradables.*
6. *Las aberturas y ventanas o huecos practicables para ventilación de los locales deberán estar dotados de rejillas de malla adecuadas para evitar el paso de insectos.*
7. *La iluminación puede ser natural o artificial: en ambos casos de suficiente intensidad, que vendrá determinada por un mínimo de 350 lux. El sistema de iluminación estará debidamente protegido de manera que en caso de*

rotura no contamine los alimentos, y su fijación al techo o paredes se hará de forma que sea fácil su limpieza y evite la acumulación de polvo.

8. *Dispondrán de agua potable corriente, fría y caliente, en cantidad suficiente para cubrir sus necesidades. La red de distribución de agua tendrá el necesario número de tomas para asegurar la limpieza y lavado de todas sus actividades, incluido el aseo personal.*

9. *Existirán dispositivos en los que los operarios se podrán lavar y secar las manos. Los lavabos colocados en esta zona estarán dotados de agua fría y caliente. Serán accionados a pedal u otro sistema no manual, y el secado de las manos se efectuará con toallas de un solo uso o secadores automáticos. Habrá jabón o detergente y cepillos de uñas.*

10. *Dispondrán de los servicios higiénicos, aseos y vestuarios de acuerdo con lo legislado por la ordenanza laboral para cada tipo de industria. Su separación de las zonas de manipulación y elaboración será completa.*

11. *Las aguas residuales abocarán en una red de evacuación dotada de arquetas, alcantarillas y tuberías de material apropiado que desembocará a un sistema de depuración industrial o a la red de alcantarillado público.*

12. *Existirá un lugar separado para el almacenamiento de los residuos, que dispondrá de dispositivos o recipientes higiénicos e instalaciones inalterables, de fácil limpieza y desinfección, con una tapa de cierre hermético y se evacuarán diariamente.*

13. *Contarán con medios e instalaciones adecuados en su construcción y situación dentro de estos establecimientos para garantizar la conservación de sus productos en óptimas condiciones de temperaturas, higiene, limpieza y no contaminación por la proximidad o contacto con cualquier clase de residuos o aguas residuales, humos, suciedad y materias extrañas, así como la presencia de insectos, roedores y otros animales.*

    Mantendrán las adecuadas condiciones ambientales de manera que los productos no sufran alteraciones o cambios anormales en sus características iniciales, debiendo existir sistemas de protección necesarios que impidan la acción directa de la luz solar sobre los productos.

6.1.2.3. Mobiliario, equipos, maquinaria y pequeño material

Artículo 5º. Relativo a los equipos y otros útiles de trabajo

1. *Toda la maquinaria y utillaje será construida o instalada de tal forma que se facilite su completa limpieza y desinfección. Será de material inocuo, que*

no pueda transmitir a los alimentos propiedades nocivas ni cambiar sus características organolépticas.

2. *Su superficie será impermeable, atóxica y resistente a la corrosión. Se vigilará su estado de conservación, debiendo ser eliminado cuando pierda las condiciones requeridas para su uso.*
3. *La superficie de las mesas, bandejas o cualquier otra clase de recipientes destinados a la manipulación de los alimentos estarán construidos de material liso, anticorrosivo y de fácil limpieza y desinfección.*

6.1.2.4. Medidas de prevención y protección

En instalaciones y seguridad

Evacuación: Es la acción de desalojar un edificio en el que se ha declarado un incendio u otro tipo de emergencia.

El inicio de la evacuación puede ser horizontal (puertas y pasillos) y vertical (escaleras).

Por ello establecemos una serie de condiciones, las más importantes, a tener en cuenta:

- Claras y sencillas.
- Perfectamente señalizadas: No debe existir acumulación de señalización ya que no induce más que a confusión, a una acumulación de información innecesaria.
- Además, las señales deben encontrarse visibles.
- Toda puerta que desemboque en una vía de evacuación estará debidamente señalizada.
- Las vías de emergencia deben ser recorridos cortos y sin obstáculos de ningún tipo.
- Hay que evitar todo aquello que pueda causar tropiezos, como los suelos irregulares o los pequeños escalones detrás de las puertas.
- Las puertas deben abrirse en el sentido de la marcha y llevarán barras de presión en lugar de picaportes o pomos. No debe haber posibilidades de dejarlas cerradas con llave. - Si hay puertas giratorias o torniquetes, hay que disponer de puertas de salidas de emergencia junto a ellas.
- Las puertas finales de emergencia deben desembocar en lugar seguro, no deben conducir a espacios abiertos pero sin salida (rejas cerradas, patios interiores sin ninguna salida...)
- Las puertas cortafuegos en pasillos y zonas comunes deben permanecer siempre cerradas o disponer de un mecanismo de cierre automático en caso de alarma.
- La ruta debe estar claramente señalizada con los símbolos internacionales de color verde, especialmente en los puntos donde se produce un cambio de dirección. Las puertas de emergencia deben distinguirse de las demás sin posibilidad de error.
- Sobre el suelo o en la pared a poca altura debe haber una señalización luminosa o fluorescente que indique la ruta de salida. Con mucha frecuencia las evacuaciones se producen a oscuras o con mala visibilidad debido al humo.
- También debe haber mangueras de incendio en las rutas de escape y aspersores en zonas de mayor riesgo como cocinas, almacenes y garaje.
- Los bomberos deben poder acceder con facilidad: pasos de emergencia reservados, acceso a escaleras.
- No debe haber zonas ciegas, sin salida.
- Habrá extintores en número suficiente, situados en lugares de fácil acceso.

- Las puertas situadas en los recorridos de evacuación de lugares de trabajo deberán poder abrir en cualquier momento desde el interior sin ayuda especial.
- Las puertas de emergencia no deberán estar cerradas de forma que cualquier persona que necesite utilizarlas en caso de urgencia pueda abrirlas fácil e inmediatamente. Las puertas de emergencia estarán situadas en el interior de la sala, en zonas alejadas de las puertas ordinarias, evitando que ambos tipos de puertas coincidan en los mismos vestíbulos de acceso al local.
- Las puertas y portones de vaivén deberán ser transparentes para que permitan la visibilidad de la zona a la que se accede.

ALUMBRADO DE EMERGENCIA

Los lugares de trabajo, o parte de los mismos, en los que un fallo de alumbrado normal suponga un riesgo para la seguridad de los trabajadores, dispondrán de alumbrado de emergencia de evacuación y seguridad.

Dicho alumbrado debe disponer de batería de emergencia y dotar de la suficiente iluminación durante el tiempo necesario para poder evacuar con seguridad.

El alumbrado de emergencia estará previsto para entrar en funcionamiento automáticamente al producirse el fallo de los alumbrados generales.

Las cocinas y otros lugares de trabajo estarán dotados de luces de emergencia adecuadas que permitan apagar los fuegos de las cocinas para posteriormente evacuar.

Las luces de emergencia y señalización se colocarán sobre las puertas que conduzcan a las salidas, en las escaleras, pasillos y vestíbulos. También serán instaladas en las dependencias accesorias de la sala.

En cada uno de los escalones del local se instalarán pilotos de señalización, conectados a su vez al alumbrado de emergencia, con la suficiente intensidad para que puedan iluminar su huella, a razón de uno por cada metro lineal o fracción.

INSTALACIONES ELÉCTRICAS

Otra de las causas más frecuente de incendio, vienen dadas por causas eléctricas, por ello es necesario atender a lo siguiente:

- Se deberán inspeccionar al mínimo una vez al año y por personal competente, además de someterlos a pruebas periódicas para evitar deterioros y accidentes.

- Las reparaciones las llevarán a cabo electricistas cualificados.
- Los cuadros eléctricos se mantendrán fuera del alcance de los ocupantes no autorizados y alejados de materiales combustibles en los que se pudiera provocar un incendio por desprendimiento de chispazos o por sobrecalentamiento.
- Asegurarse de apagar los interruptores una vez acabado los servicios.
- No colocar telas o tejidos sobre las lámparas.
- No sobrecargar las líneas eléctricas.
- Evitar que la instalación eléctrica sea origen de focos de incendios. Cuando se termine la jornada se observará que todos los aparatos eléctricos queden desconectados de la red.

SEÑALIZACIÓN

- Una adecuada señalización es básica, para poder realizar una evacuación organizada, para permitir el conocimiento a sus usuarios y para informar del emplazamiento de los equipos de lucha contra incendios.
- Todas las salidas de evacuación estarán señalizadas con un indicativo de

«SALIDA» o «SALIDA DE EMERGENCIA», que se colocará sobre los dinteles de las puertas o muy próximas a ellas (de forma que no exista confusión), teniendo en cuenta que:

1. SALIDAS HABITUALES: son las utilizadas por la circulación funcionalmente necesaria en el edificio o local.
2. SALIDAS DE EMERGENCIA: son las utilizadas solamente en caso de emergencia de evacuación.
3. En las zonas de riesgo especial solo es obligatorio señalizar las salidas si fuera previsible la presencia habitual de personas.

En utilización de máquinas, equipos y utensilios

Ya se comentaron en el apartado anterior referido a las condiciones específicas de seguridad (mirar Medidas preventivas), pero pueden resumirse así:

- Utilizarlos siguiendo los manuales de funcionamiento del fabricante.
- diestrar al personal en el manejo de equipos, utensilios y maquinaria.

Equipamiento del personal de seguridad. Prendas de protección: tipos, adecuación y normativa

La normativa que se puede consultar es la siguiente:

- Ley de Prevención de Riesgos Laborales - Ley 31/1995, de 8 de Noviembre.
- R.D. 39/1997 de 17 de enero, Reglamento de los servicios de PRL.
- R.D. 773/1997 de 30 de mayo, Reglamento sobre disposiciones mínimas de seguridad y salud relativas a la utilización por los trabajadores de equipos de protección individual.

Tipos de prendas

Entendemos como EPI (equipamiento de protección individual) cualquier dispositivo o medio que vaya a llevar, o del que vaya a disponer una persona, con el objetivo de que la proteja contra uno o varios riesgos que puedan amenazar su salud y seguridad.

La directiva europea define 3 categorías de equipamientos de protección individual:

1. Categoría 1 - Riesgos Menores

   Están destinados a proteger contra los riesgos menores o los efectos que se deriven de ellos, por ejemplo, chaquetillas, pantalones, gorros y cofias.

2. Categoría 2 - Riesgos Intermedios

   Están destinados a proteger contra los riesgos medios o elevados, que no conllevan consecuencias mortales o irreversibles, por ejemplo calzado, manoplas y guantes.

3. Categoría 3 - Riesgos Graves o Irreversibles

   Están destinados a proteger contra riesgos de consecuencias mortales, graves e irreversibles. Escasa presencia en hostelería.

En resumen, en cuanto a la adecuación de las prendas profesionales (a nivel de protección y uso) podemos concluir:

- La ropa de trabajo debe ser la específica para cada puesto.
- Debe ser cómoda, que permita los movimientos.
- Debe ser de fácil limpieza.
- Debe estar hecha de tejidos transpirables.
- Debe cumplir la normativa vigente europea en cuanto a homologación y características.
- Los equipos de protección individuales deben cumplir las homologaciones europeas.

- Deben utilizarse indefectiblemente en todos los casos.
- Los trabajadores deben conocer su correcto uso.

Medidas preventivas en el uso de EPI:

- Utilizar los EPI con marcado CE.
- Elegir el EPI adecuado a cada riesgo y en número suficiente.
- Mantenimiento y limpieza del EPI según instrucción del fabricante.
- Mantener el EPI en buenas condiciones de uso.
- Sustituir el EPI defectuoso y disponer de los recambios necesarios.
- No exponer al sol ni a las inclemencias del tiempo.
- Comprobar la caducidad del EPI.
- Comprobar la eficacia del EPI periódicamente y después de un uso intenso.
- No utilizar equipos estropeados.
- Utilizar y cuidar correctamente los equipos de protección individual.
- Colocar el equipo en su lugar adecuado después de utilizarlo.
- Informar de inmediato a tu jefe directo de cualquier defecto, anomalía o daño apreciado en tu equipo de protección individual, si piensas que puede entrañar pérdida de su eficacia protectora.

6.2. Situaciones de emergencia: Procedimiento de actuación, aviso y alarmas

6.2.1. Plan de actuación ante emergencias

Deben definirse las acciones a desarrollar para el control inicial de las emergencias, garantizándose la alarma, la evacuación y el socorro. Comprenderá:

1. Identificación y clasificación de las emergencias:
   - En función del tipo de riesgo.
   - En función de la gravedad.
   - En función de la ocupación y medios humanos.
2. Procedimientos de actuación ante emergencias:
   - Detección y alerta.
   - Mecanismos de alarma: persona que dará el aviso y teléfono de emergencias 112.
   - Mecanismos de respuesta frente a la emergencia.

- Evacuación y/o confinamiento.
- Prestación de las primeras ayudas.
- Modos de recepción de las ayudas externas.

3. Identificación y funciones de las personas y equipos que llevarán a cabo los procedimientos de actuación en emergencias.
4. Identificación del responsable de la puesta en marcha del Plan de Actuación ante Emergencias.

Ante posibles dudas, existen empresas especializadas en desarrollar estos programas de actuación con técnicos especializados; además siempre se puede acudir a los servicios públicos de emergencia (Protección civil, bomberos, policía) que nos ayudarán y orientarán en cualquier caso, dirigiéndonos a los organismos públicos o empresas que nos resolverán cualquier duda.

Las reglas generales de actuación serán:

- Conservar la calma.
- Revisar rápidamente el lugar para detectar el peligro.
- Seguir las instrucciones del personal cualificado, trabajadores de la empresa en un primer momento y personal de protección después.
- En el caso de los trabajadores, recordar la formación recibida y aplicarla.

6.2.1.1. Incendios

- Abandonar el edificio lo más rápido posible. Esto parece obvio, pero mucha gente demora la huida por rescatar pertenencias.
- Usar escaleras en vez de ascensores.
- Al evacuar, moverse lo más bajo posible. El humo y los gases tóxicos tienden a subir con el calor. Taparse la boca con ropa para inhalar menos humo y gases.
- Cerrar las puertas por las que se atraviesa para demorar el avance del fuego.
- Si se está en una habitación con la puerta cerrada y sale humo por debajo de la puerta o ésta está caliente, no abrirla; abrir una ventana; si no sale humo por debajo de la puerta y no está caliente, abrirla lentamente: si hay demasiado humo, o hay fuego en el corredor, cerrarla inmediatamente.
- Llamar a los bomberos solo después de abandonar el edificio.
- Si sus prendas se prenden fuego, no correr: tirarse al suelo, taparse la cara con las manos, y rodar para ahogar las llamas.

- Enseñar cómo actuar en un incendio a todas las personas que trabajan en la empresa.

6.2.1.2. Escapes de gases

- No encender ningún aparato eléctrico, ni dar la luz ni accionar ningún interruptor.
- No encender mecheros o cerillas.
- Abrir puertas y ventanas.
- Evacuar los locales cuanto antes.

6.2.1.3. Fugas de agua, inundaciones

- Ante fugas menores, cerrar llaves de paso.
- Tratar de localizar el foco de la fuga y avisar a los especialistas.
- No acceder y prohibir el acceso a las partes inundables del establecimiento, como sótanos.
- No utilizar el ascensor, el fluido eléctrico puede fallar en cualquier momento.
- Desconectar la maquinaria y, si es necesario, todo el fluido eléctrico.
- Tener siempre en mente la posibilidad de abandonar el local, para ello conocer salidas y accesos.
- Si el nivel del agua nos aísla en la parte superior del establecimiento, no intentar jamás abandonarla a nado puesto que quedaríamos a merced de las corrientes del agua, es mejor esperar la ayuda.
- Si la fuerza del agua nos arrastra, intentar asirse a algún objeto pesado que flote o fijo.

6.2.1.4. Planes de emergencia y evacuación

La norma básica es la **Ley 31/95 de Prevención de Riesgos Laborales,** en la cual se establece la obligatoriedad de planificar las posibles situaciones de emergencia en el centro de trabajo.

Respecto al contenido de los Planes de Emergencia se aprobó por Orden 29 de Noviembre de 1984 del Ministerio de Interior el **Manual de Autoprotección, Guía para el desarrollo del Plan de Emergencia contra Incendios y de Evacuación de**

Locales y Edificios, cuya aplicación es de carácter voluntario. No obstante, en algunas Comunidades Autónomas también está regulada la obligatoriedad de aplicar dicho manual para determinados establecimientos y lugares de pública concurrencia.

Asimismo, existen diversos sectores de actividad que por su especial peligrosidad tienen su propia regulación específica.

Una emergencia es una situación derivada de un suceso casual y extraordinario que ocurre de forma repentina y que puede llegar a producir daños muy graves a personas e instalaciones, por lo que requiere una actuación inmediata y organizada.

Los factores causantes de una emergencia pueden ser de diversos tipos:

- Fallos humanos.
- Fallos técnicos.
- Defectos en el diseño de las instalaciones o vicios ocultos.
- Catástrofes naturales.
- Origen externo (siniestros en instalaciones contiguas, atentados, etc.).

Ejemplos de situaciones de emergencia:

- Incendio.
- Fuga de gas.
- Explosión.
- Enfermedad repentina, intoxicaciones.
- Accidente con lesiones.
- Inundación.
- Terremoto.

6.2.1.5. Planificación de emergencias

Consiste en la elaboración de un procedimiento escrito en el cual se consideran las diferentes situaciones de emergencia que puedan darse y se establecen las actuaciones a seguir en cada caso.

El plan de emergencias como mínimo debe contener:

- Inventario de:
  - Medios de protección existentes.
  - Vías de evacuación.
  - Sistemas de alarma o aviso.

- Recursos externos. Teléfonos de emergencia.
- Procedimientos de comunicación.
- Designación de las personas encargadas de actuar, funciones y procedimientos de actuación de cada una.
- Consignas de actuación para todo el personal.

Asimismo, se deberán prever las actuaciones para su efectiva puesta en práctica estableciendo:

- Planes periódicos de formación y adiestramiento de los trabajadores.
- Realización de simulacros.
- Programas de mantenimiento y comprobación de las instalaciones de protección, vías de evacuación y sistemas de emergencia.
- Actualizaciones del propio plan de emergencias.

6.2.2. Primeros auxilios en hostelería

Tienen por objetivos los siguientes:

- Recuperar la vida a quien está en trance de perderla.
- Evitar que se produzcan más lesiones de las ya producidas.
- Proteger las heridas de posibles infecciones y complicaciones.
- Asegurar una atención óptima hasta la llegada de los equipos de asistencia médica o su traslado hasta un centro hospitalario.

6.2.2.1. Heridas y Hemorragias

Heridas:

- Definición: Podemos definir herida como la pérdida de la continuidad de un tejido.
- Clasificación: Las heridas se clasifican de acuerdo a tres categorías:
  - Según su forma: abiertas (cuando hay ruptura de piel o mucosas) y cerradas (no se ven ni se comprometen los órganos internos).
  - Según el objeto que las produzca: cortantes, punzantes, laceradas, raspaduras o contusas.
  - Según la gravedad: simples o complicadas.

- Primeros auxilios:
  - Clasificar la herida.
  - Contener la hemorragia
  - Lavar exhaustivamente con agua estéril o solución salina. (Si la herida es muy profunda y con coágulos se debe tener mucho cuidado al lavar puesto que se puede reactivar la hemorragia.
  - Juntar en lo posible los bordes de la herida si es abierta) y cubrir con un apósito y gasas limpia ; en caso de ser necesario asegurar las gasas con un vendaje estéril.
  - Remitir a la institución de salud.
  - Si la herida es cerrada, se recomienda aplicar una bolsa con hielo o agua fría para detener la hemorragia interna.
- Recomendaciones:
  - Si la herida es por un anzuelo, nunca tratar de retirarlo.
  - Si la herida es por punción profunda, se debe colocar al paciente en una posición adecuada, evitar el movimiento y remitir lo más pronto posible.
  - En caso de herida contusa, nunca dé masaje.
  - Si la herida es grave, recuerde no introducir ninguna clase de material en la herida.
  - Si hay salida de vísceras, no intente introducirlas, debe cubrirlas con una gasa húmeda y remitir el paciente a la institución de salud.
  - No aplique nunca café, telarañas o ungüentos.
  - Si en el sitio de la herida aún se encuentra el elemento causante, no lo retire pues puede causarse una lesión mayor.

Hemorragias

- Definición: Es la salida de sangre ocasionada por la ruptura de los vasos sanguíneos.
- Clasificación: Las hemorragias pueden clasificarse de acuerdo a la circulación afectada así:
  - Hemorragia capilar: es poco intensa, y el sangrado es en capa.
  - Hemorragia arterial: la sangre es de color rojo vivo, sale de forma intermitente y puede ser interna o externa.
  - Hemorragia venosa: la sangre es de color rojo oscuro, fluye sin pulsaciones en forma continua.

- Primeros auxilios:
  - Para controlar una hemorragia existen varios métodos:
  - Presión directa (sobre la herida con un apósito o tela limpia) es el más efectivo.
  - Compresión de grandes vasos (consiste en presionar los vasos principales que le dan la circulación a la zona de la lesión)
  - Elevación del miembro afectado.
- Recomendaciones:
  - El torniquete solo está indicado en caso de amputación.
  - En caso de hemorragia en tórax o abdomen: realice una presión permanente en el sitio de sangrado con gasas o apósitos estériles y remita.
  - En caso de hemorragia nasal: Siente al paciente, coloque la cabeza hacia atrás y presione el tabique de la nariz (arriba de las ventanas nasales) con sus dedos índice y pulga ; puede colocar compresas de agua fría o hielo sobre la frente.
  - En caso de hemorragia alveolar (dental), coloque una gasa empapada con agua oxigenada sobre el alvéolo y presione.

6.2.2.2 Quemaduras:

- Definición: Son lesiones causadas por agentes físicos (sólidos, líquidos, vapores o frío), químicos (gasolina, ácidos, álcalis), eléctricos o radiaciones (rayos solares, rayos X o rayos infrarrojos , que destruyen los tejidos superficiales y profundos.
- Clasificación:
  - Primer grado: Lesionan la capa superficial de la piel, se caracteriza por el enrojecimiento de la piel, dolor tipo ardor e inflamación moderada.
  - Segundo grado: Lesiona las capas superficial e intermedia de la piel, se caracteriza por la formación de ampollas, dolor intenso e inflamación del área afectada.
  - Tercer grado: Lesionan todas las capas de la piel y afectan tejidos como vasos, músculos y hueso. Se caracteriza porque no hay dolor.
- Primeros auxilios:
  - Retire cuidadosamente cualquier prenda que comprima la zona afectada (anillos, pulseras, etc.).

- Enfríe el área quemada con agua fría o solución salina.
- Cubra el área quemada con una compresa o apósitos húmedos y sujete con una venda floja ; si la lesión es en manos o pies, coloque gasa entre los dedos antes de colocar la venda.
- Si la víctima está consciente y no hay contraindicación, suministre abundantes líquidos, sobre todo suero oral.

• Recomendaciones:

  - No retire la ropa que se haya adherido a las quemaduras.
  - No aplique ningún tipo de pomada o tintura.
  - No reviente las ampollas.
  - Si la quemadura es por congelación, abrigue la persona lo mejor posible, eleve la parte afectada y de bebidas calientes, si la víctima está consciente ; no le proporcione bebidas alcohólicas.

6.2.2.3. Traumas osteomusculares:

Las lesiones en los huesos, músculos y articulaciones ocurren de forma frecuente, se caracterizan por ser dolorosas, pero en raras ocasiones producen la muerte.

• Fracturas: Se definen como la pérdida de continuidad parcial o total de un hueso . Pueden clasificarse como abiertas (implica la salida del hueso fracturado al exterior) y cerradas (el hueso se rompe y no hay lesión en la piel.

• Luxaciones: Se observa cuando un hueso se ha desplazado de su articulación, dejando de funcionar.

• Esguinces: Es la distensión de los músculos y tendones que dan soporte a una articulación ; se presenta con edema, dolor y limitación para el movimiento.

• Desgarro muscular: Ocurre cuando los músculos o tendones se estiran y lesionan.

• Primeros auxilios:

  - Inmovilizar el sitio afectado.
  - Si la lesión es en el pie, no retire los zapatos.
  - Si hay fractura abierta, se debe controlar la hemorragia y no trate de reacomodar el hueso.
  - Traslade al paciente a un centro asistencial.

6.2.2.4. Pérdidas súbitas de la conciencia:

Se considera que una persona está consciente cuando se encuentra despierta, alerta y orientada en espacio y en tiempo La pérdida de estas características se conoce como inconsciencia.

6.2.2.5. Lipotimias (desmayos):

Es un estado de malestar repentino, con pérdida parcial o total de conocimiento que dura solo unos minutos.

- Primeros auxilios:
  - Coloque la víctima en un sitio que tenga buena ventilación.
  - Aflójele la ropa para facilitarle la respiración.
  - Si esta inconsciente, acuéstela boca arriba, levante las piernas del paciente para facilitar el retorno de sangre al cerebro.
  - No le dé nada de comer ni de beber.
  - Si presenta vómito, colóquela de medio lado.
  - Remita a la institución de salud correspondiente.

6.2.2.6. Convulsiones:

Se considera convulsión una pérdida súbita de conocimiento acompañada de contracciones musculares generalizadas, en ocasiones con mordedura de la lengua da pérdida de control de los esfínteres.

- Primeros auxilios:
  - Si ocurre en un lugar público, pida a los espectadores que no rodeen la víctima.
  - No intente moverla mientras presenta la convulsión.
  - Retire cualquier elemento que pueda causarle daño.
  - Afloje la ropa de la víctima.
  - No trate de abrirle la boca, ni inmovilizar las extremidades.
  - Cuando cese la convulsión, limpie la espuma de la boca, abrigar al paciente y remita a un centro asistencial.

6.2.2.7. Paro cardiorespiratorio:

Es la interrupción repentina a simultánea de la respiración y los latidos cardiacos.

Aunque inicialmente el paro puede corresponder solo a uno de los dos sistemas, si no se actúa de forma rápida y adecuada llegará obligatoriamente al compromiso de ambos.

Para evitar los daños irreparables en el cerebro durante este evento, debe prestarse el primer auxilio lo más pronto posible, así como poner de inmediato en práctica las técnicas de R.C.P.

- Objetivos de la reanimación cardiopulmonar (RCP):
  - Mantener los pulmones llenos no oxígeno cuando la respiración se ha detenido.
  - Mantener la sangre en circulación llevando oxígeno al cerebro, corazón y demás partes del cuerpo.
- Causas:
  - Paro respiratorio.
  - Hipotermia.
  - Ataque cardiaco
  - Choque.
  - Trauma cráneo encefálico.
  - Electrocución.
  - Hemorragia severa.
  - Deshidratación.
- Cuadro clínico:
  - Ausencia de pulso y respiración.
  - Piel pálida sudorosa y fría.
  - Pérdida del conocimiento.
  - Pupilas dilatadas o sin reacción a la luz.

6.2.2.8. Técnicas de respiración artificial:

En caso de paro respiratorio:

- Verifique el estado de conciencia.
- Abra la vía aérea.
- Mantenga la cabeza del paciente inclinada hacia atrás y, cubriendo totalmente la boca de la víctima con su boca, sople fuertemente en dos oportunidades y valore nuevamente al paciente.

- Si no reacciona pero tiene pulso, continúe dando respiración de salvamento.
- Si no tiene pulso, pase a realizar las maniobras de RCP.

6.2.2.9. Técnicas de masaje cardiaco:

En caso de presentarse paro cardio-respiratorio, debe iniciar el proceso de RCP:

- Verifique la respiración.
- Verifique la frecuencia cardiaca.
- Verifique el estado de conciencia.
- Si no presenta respiración ni latido cardíacos está inconsciente, proceda a colocar a la víctima de espaldas sobre una superficie dura y arrodíllese al lado.
- Despeje la vía aérea.
- Colocándose en posición de rodillas, con los brazos estirados y las manos juntas, apóyese sobre el tórax y comprima hacia abajo y con suavidad a razón de 80 veces por minuto.
- Brinde respiración al paciente de acuerdo a la técnica descrita anteriormente.
- En caso de que se encuentre solo, realice ciclos de quince compresiones en el pecho y dos soplos para el adulto.
- En caso de existir dos auxiliadores, se realizarán cinco compresiones por un soplo.
- La reanimación se realiza hasta que el paciente presente nuevamente frecuencia cardiaca y respiratoria, o hasta que llegue personal médico o paramédico capacitado.

IMPORTANTE: todos estos consejos para practicar unos primeros auxilios básicos deben realizarse solamente si el personal ha sido formado en las diversas técnicas utilizadas en cursos de profesionales sanitarios. Evidentemente, no es lo mismo curar un pequeño corte que realizar una RCP; por ello, ante la duda, debe dejarse asesorar por alguien que tenga conocimientos en estas prácticas y seguir las instrucciones del personal sanitario, una vez llegado al lugar.

Anexo
Fichas Autocontrol APPCC

APPCC

LISTADO DE PROVEEDORES

PROVEEDOR:			
DIRECCIÓN:			
TELÉFONO:		NIF:	
PERSONA DE CONTACTO			
PRODUCTOS:			

PROVEEDOR:			
DIRECCIÓN:			
TELÉFONO:		NIF:	
PERSONA DE CONTACTO			
PRODUCTOS:			

PROVEEDOR:			
DIRECCIÓN:			
TELÉFONO:		NIF:	
PERSONA DE CONTACTO			
PRODUCTOS:			

PROVEEDOR:			
DIRECCIÓN:			
TELÉFONO:		NIF:	
PERSONA DE CONTACTO			
PRODUCTOS:			

INSTRUCCIONES CUMPLIMENTACIÓN FICHAS LISTADO DE PROVEEDORES

- ✓ Listar, al menos, los proveedores de productos perecederos (carne y productos cárnicos, pescados y mariscos, huevos, frutas y verduras...)
- ✓ Indicar en el recuadro superior el grupo de productos (carnes, pescados, etc.)
- ✓ Actualizar siempre que cambiemos de proveedor o incorporemos uno nuevo.

APPCC

RECEPCIÓN: CONDICIONES MATERIAS

 CARNES	• COMPROBAR SELLOS Y DOCUMENTACIÓN • ASPECTO JUGOSO, SIN COLORACIONES ANORMALES • BRILLO DEL CORTE, SIN OLORES DESAGRADABLES
 PESCADOS	• CUBIERTO DE HIELO • AUSENCIA DE PARASITOS • CONSISTENCIA FIRME, ESCAMAS ADHERIDAS A LA PIEL • AGALLAS ROJAS, OJOS BRILLANTES
 FRUTAS Y VERDURAS	• AUSENCIA DE SUCIEDAD, PUTREFACCIONES Y/O ENMOHECIMIENTOS • GRADO DE MADURACION ADECUADA • LIBRES DE PARÁSITOS
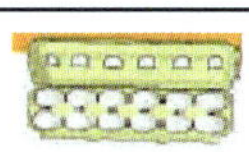 HUEVOS	• CÁSCARA INTACTA Y LIMPIA
 LATAS	• SIN ABOLLADURAS, ABOMBAMIENTOS O PÉRDIDA DE HERMETICIDAD
CONGELADOS	• SIN SIGNOS DE DESCONGELACIONES PARCIALES COMO REBLANDECIMIENTOS O EXCESO DE ESCARCHA
	• CONDICIONES HIGIÉNICAS DEL VEHÍCULO • AUSENCIA DE PRODUCTOS EN EL SUELO • AUSENCIA DE PRODUCTOS INCOMPATIBLES CON LA MERCANCÍA (PRODUCTOS DE LIMPIEZA, BASURAS...) • ESTIBA CORRECTA DE LOS ALIMENTOS. • TIPO DE VEHÍCULO ADECUADO PARA LA MERCANCÍA.

EN TODOS LOS CASOS

- Comprobar documentación (albaranes, facturas)
- Envases y embalajes intactos y limpios
- Comprobar el etiquetado y las fechas de consumo preferente/caducidad
- Comprobar el aspecto
- Comprobar la temperatura productos perecederos que requieran ser conservados en frío
  - ✓ Refrigerados: ≤ 5 °C
  - ✓ Congelados: ≤ -18 °C

APPCC

RECEPCIÓN DE MATERIAS PRIMAS

FECHA	PRODUCTO	PROVEEDOR	DOCUMENTACIÓN (ALBARÁN, FACTURA)	ESTADO PRODUCTO	TEMPERATURA PRODUCTO	CONDICIONES TRANSPORTE	FECHA CONSUMO	OBSERVACIONES

1. Comprobar documentación
2. Envases y embalajes intactos y limpios
3. Comprobar etiquetado y fechas de consumo preferente/caducidad
4. Comprobar aspecto
5. Comprobar temperatura productos perecederos

✓ Refrigerados: ≤ 5 °C (Tolerancia 2 grados)

✓ Congelados : ≤ – 18 °C (Tolerancia 4 grados)

6. Comprobar condiciones de transporte (estado del vehículo, limpieza, estiba)

C: Correcto   I: Incorrecto

Firma Responsable:

INSTRUCCIONES CUMPLIMENTACIÓN FICHAS RECEPCIÓN DE MATERIAS PRIMAS

- ✓ Se realizará, al menos, un control mensual a cada proveedor de productos perecederos (carnes y derivados, pescados, mariscos y derivados, huevos, frutas y verduras, etc.)
- ✓ Deberán cubrirse todas las casillas, indicando C si es correcto o I si incorrecto.
- ✓ El apartado documentación se refiere a si los productos vienen acompañados de las facturas o albaranes correspondientes y si estos son correctos (podrá indicarse incluso el número del albarán para asegurar la trazabilidad)
- ✓ El estado del producto se refiere a si el producto cumple con las condiciones indicadas en la ficha anterior (condiciones de las materias primas)
- ✓ La temperatura se medirá con termómetro sonda o, en su caso, con termómetro de lectura por láser/infrarrojos en carnes, pescados, congelados...
- ✓ Se reflejará si las condiciones del transporte (limpieza y orden, estiba, ausencia de productos en el suelo, etc.) son correctas. Este control podrá dilatarse en el tiempo a medida que vayamos conociendo a nuestros proveedores.
- ✓ En el apartado de observaciones se indicarán las anomalías observadas –en caso de que las haya– y las medidas tomadas (advertencia al proveedor, rechazo del producto...

APPCC

MES:

FICHA DE CONTROL DE TEMPERATURAS

	1	2	3	4	5	6	7	8	9	10	11	12	13	14	15	16	17	18	19	20	21	22	23	24	25	26	27	28	29	30	31
CÁMARA																															
CÁMARA																															
CÁMARA																															
CÁMARA																															
CÁMARA																															

TEMPERATURA CÁMARAS DE REFRIGERACIÓN:

- Carnes, pescados: ≤ 4 °C
- Verduras, lácteos: ≤ 7 °C
- Comidas: ≤ 4 °C (máx 5 días) ≤ 8 °C (máx 24 horas)

TEMPERATURA CÁMARAS DE CONGELACIÓN: ≤ -18 °C

TEMPERATURA DE CONSERVACIÓN EN CALIENTE: $\geq$ 65 °C

OBSERVACIONES:

Firma Responsable:

INSTRUCCIONES CUMPLIMENTACIÓN FICHA CONTROL DE TEMPERATURAS

- ✓ Se cumplimentará diariamente, preferiblemente al final de la jornada de trabajo porque las temperaturas pueden ser más altas, indicando la temperatura que marquen los termómetros instalados en las cámaras y/o mesas calientes –en su caso-
- ✓ Deberán identificarse con un nombre y/o número todas las cámaras (Ej.: carnes, postres, arcón almacén...)
- ✓ En el apartado de observaciones se indicará cualquier anomalía observada (falta termómetros, etc.)

APPCC

PROGRAMA DE LIMPIEZA Y DESINFECCIÓN

Zona:	Cocina

Superficies y/o elementos a limpiar	Frecuencia mínima	Producto	Dosificación	Temperatura agua	Modo de Empleo	
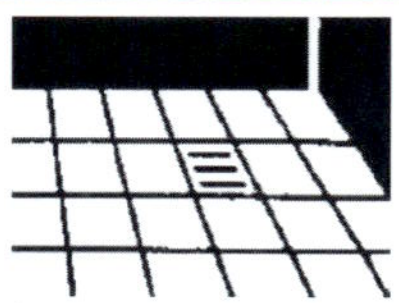 Suelos						
 Paredes						
 Superficies						
Techos Lámparas						

APPCC

PROGRAMA DE LIMPIEZA Y DESINFECCIÓN

Zona:	Cocina

Zona y/o materiales a limpiar	Frecuencia mínima	Producto	Dosificación	Temperatura agua	Modo de Empleo	
 Hornos						
Freidoras						
Fogones, parrillas planchas Equipos de peso					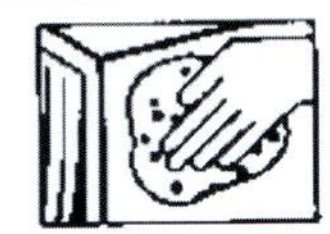	
 Campanas extractoras						
Hornos						
Marmitas, Perolas					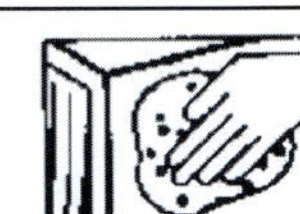	

APPCC

PROGRAMA DE LIMPIEZA Y DESINFECCIÓN

Zona:	Cocina

Zona y/o materiales a limpiar	Frecuencia mínima	Producto	Dosificación	Temperatura agua	Modo de Empleo	
Tablas de corte, cuchillos						
Cubiertos, Vajilla						
Cubos basura					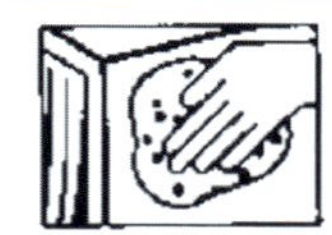	
					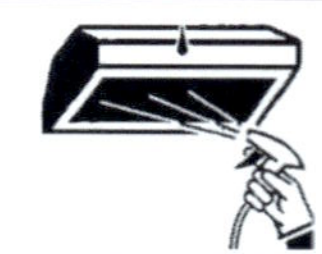	

PROGRAMA DE LIMPIEZA Y DESINFECCIÓN

Zona:	Almacén

Zona y/o materiales a limpiar	Frecuencia	Producto	Dosificación	Temperatura agua	Modo de Empleo	
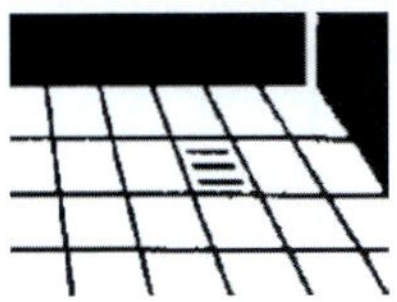 Suelos						
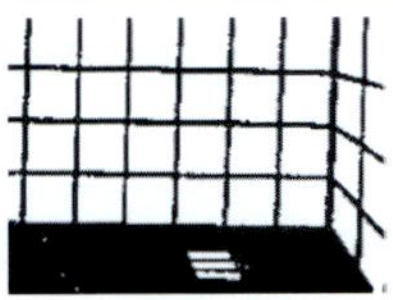 Paredes						
 Estanterías						
Techos Lámparas						

PROGRAMA DE LIMPIEZA Y DESINFECCIÓN

Zona:	Cámaras frigoríficas

Zona y/o materiales a limpiar	Frecuencia	Producto	Dosificación	Temperatura agua	Modo de Empleo	
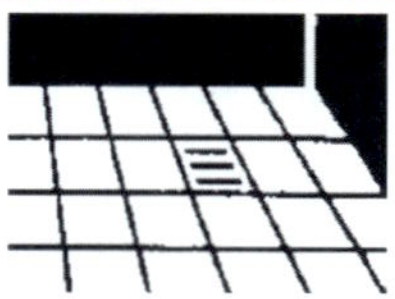 Suelos						
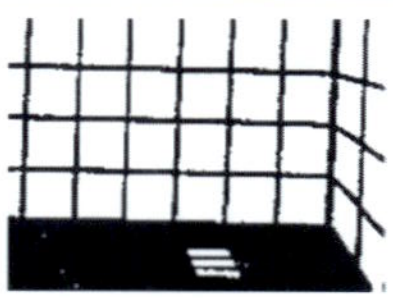 Paredes						
 Estanterías						
Techos Lámparas						

PROGRAMA DE LIMPIEZA Y DESINFECCIÓN

Zona:	Servicios higiénicos y vestuarios

Zona y/o materiales a limpiar	Frecuencia	Producto	Dosificación	Temperatura agua	Modo de Empleo	
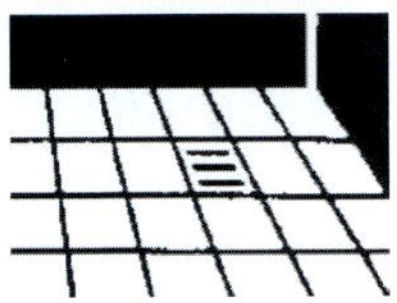 Suelos						
 Paredes						
Techos Lámparas						
Sanitarios						

PROGRAMA DE LIMPIEZA Y DESINFECCIÓN

Zona:	Servicios higiénicos y vestuarios

Zona y/o materiales a limpiar	Frecuencia	Producto	Dosificación	Temperatura agua	Modo de Empleo	
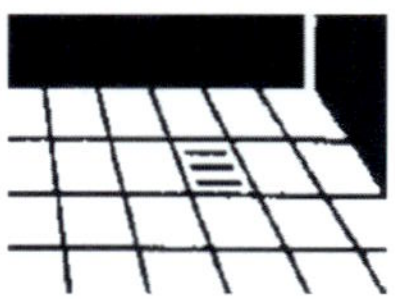 Suelos						
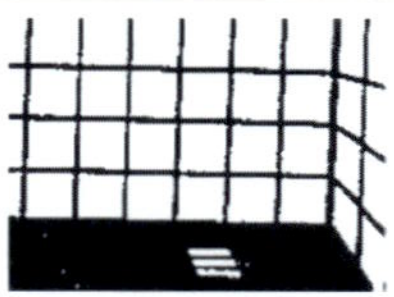 Paredes						
Superficies						
Techos Lámparas						

INSTRUCCIONES CUMPLIMENTACIÓN FICHAS PROGRAMA DE LIMPIEZA Y DESINFECCIÓN

- ✓ Estas fichas deberán adaptarse a las instalaciones, equipos, etc. del establecimiento.

- ✓ Deberán indicarse todos aquéllos elementos que tengan relación con la seguridad alimentaria

- ✓ Es importante indicar la dosificación de los productos empleados de manera sencilla (Ej.: un tapón por cada 5 l. de agua) de modo que la persona/s encargada/s la entiendan con facilidad. En caso de utilizar varios productos deberán indicarse las distintas dosificaciones y/o modos de empleo (en caso de que no coincidan las dosificaciones y/o modo de empleo)

- ✓ Deberá indicarse la temperatura óptima de actuación del producto (puede consultarse la ficha del producto o las instrucciones de uso)

- ✓ En el modo de empleo se detallarán las fases operativas del proceso de limpieza y desinfección. Ej.:

    1. Eliminar residuos con bayeta
    2. Disolver el producto en agua
    3. Aplicar con bayeta, frotando
    4. Dejar actuar 5 minutos
    5. Aclarar con agua bien caliente
    6. Secar con papel de un solo uso

- ✓ Este programa deberá ser revisado y actualizado –en su caso- siempre que se cambie de producto y, al menos una vez al año.

APPCC

MES:

FICHA DE REGISTRO DE LIMPIEZA

FECHA	OPERACIÓN REALIZADA	OBSERVACIONES/INCIDENCIAS

- *Nota:* registrar sólo las operaciones LD no rutinarias (limpiezas generales, de techos, paredes), y las de aquéllos elementos y/o equipos especialmente críticos (cámaras frigoríficas, picadoras, etc.).

Firma Responsable:

INSTRUCCIONES CUMPLIMENTACIÓN FICHA REGISTRO DE LIMPIEZA Y DESINFECCIÓN

- ✓ Registrar sólo las operaciones no rutinarias (paredes, techos, limpiezas generales...) y las de aquéllos equipos o elementos especialmente críticos para la seguridad de los productos (cámaras frigoríficas, picadoras de carne, heladoras, etc.)
- ✓ En el caso de que las operaciones de limpieza y/o desinfección sean desarrolladas por varias personas deberá indicarse la/s persona/s que la realizaron.
- ✓ En el apartado de observaciones se indicará cualquier circunstancia observada durante las operaciones de limpieza/desinfección.

FICHA DE REGISTRO DE MANTENIMIENTO

FECHA	INCIDENCIA / OPERACIÓN REALIZADA	PERSONA O EMPRESA	OBSERVACIONES

INSTRUCCIONES CUMPLIMENTACIÓN FICHA REGISTRO DE MANTENIMIENTO

- ✓ Registrar cada vez que se realicen operaciones de mantenimiento preventivo de instalaciones y/o equipos y en caso de averías.
- ✓ Indicar la instalación o equipo reparado y la operación realizada.
- ✓ En el apartado de observaciones se indicará cualquier circunstancia observada durante las operaciones de mantenimiento.

APPCC

FICHA REVISIÓN GENERAL

MES:

COCINA

		MEDIDA CORRECTORA
SUELOS, PAREDES, VENTANAS, TECHOS		
• **Suelos** sin grietas o desconchados y limpios	C ☐ IC ☐	
• **Paredes** sin grietas o desconchados y limpios	C ☐ IC ☐	
• **Ventanas** protegidas y limpias (incluida malla)	C ☐ IC ☐	
• **Techos** sin grietas, desconchados, manchas o humedad	C ☐ IC ☐	
• **Lámparas** con protección y limpias	C ☐ IC ☐	
SUPERFICIES DE TRABAJO		
• **Encimeras** sin grietas o desconchados y limpios	C ☐ IC ☐	
• **Mesas de trabajo** sin grietas o desconchados y limpias	C ☐ IC ☐	
• **Tajos y tablas de corte** en buen estado y limpias	C ☐ IC ☐	
LAVAMANOS		
• **Limpios** y en buen estado	C ☐ IC ☐	
• **Sin objetos, utensilios o alimentos**	C ☐ IC ☐	
• Con **jabón líquido y toallas de papel**	C ☐ IC ☐	
• **Papelera** o cubo	C ☐ IC ☐	
• **Agua caliente** y fría	C ☐ IC ☐	

C: Correcto IC: Incorrecto

Observaciones:...
....
....
....
....

COCINA

		MEDIDA CORRECTORA
EQUIPOS		
• **Campana extractora** en buen estado y limpia	C ☐ IC ☐	
• **Freidoras** en buen estado y limpias	C ☐ IC ☐	
• **Planchas** en buen estado y limpias	C ☐ IC ☐	
• **Hornos** en buen estado y limpios	C ☐ IC ☐	
• **Cubos de basura** con tapa, bolsa y limpios	C ☐ IC ☐	
MENAJE Y UTENSILIOS DE TRABAJO		
• **Potas, cacerolas** sin grietas o desconchados y limpias	C ☐ IC ☐	
• **Sartenes** sin grietas o desconchados y limpias	C ☐ IC ☐	
• **Cuchillos** en buen estado y limpios (evitar mangos de madera)	C ☐ IC ☐	
• **Otros utensilios** (espumaderas, cucharas, etc.) en buen estado y limpios	C ☐ IC ☐	

				MEDIDA CORRECTORA
CÁMARAS FRIGORÍFICAS				
• **Paredes, techo y suelos** en buen estado y limpios	C ☐ IC ☐	C ☐ IC ☐	C ☐ IC ☐	
• **Estanterías, rejillas y ganchos** sin óxido y limpios	C ☐ IC ☐	C ☐ IC ☐	C ☐ IC ☐	
• **Puertas y gomas** en buen estado y limpias	C ☐ IC ☐	C ☐ IC ☐	C ☐ IC ☐	
• **Lámparas** protegidas y en buen estado	C ☐ IC ☐	C ☐ IC ☐	C ☐ IC ☐	
• **Recipientes** adecuados y productos tapados	C ☐ IC ☐	C ☐ IC ☐	C ☐ IC ☐	
• **Separación** crudos/cocinados	C ☐ IC ☐	C ☐ IC ☐	C ☐ IC ☐	
• **Ausencia caducados**	C ☐ IC ☐	C ☐ IC ☐	C ☐ IC ☐	
• Productos **identificados y fechados**	C ☐ IC ☐	C ☐ IC ☐	C ☐ IC ☐	
• **Temperatura:** lectura/medición	......../........	......../........	......../........	

C: Correcto IC: Incorrecto

Observaciones:...

....

....

APPCC

ALMACÉN

		MEDIDA CORRECTORA
SUELOS, PAREDES, VENTANAS, TECHOS		
• **Suelos** sin grietas o deterioros y limpios	C ☐ IC ☐	
• **Paredes** sin grietas, manchas o humedades	C ☐ IC ☐	
• **Ventanas** protegidas y limpias (incluida malla)	C ☐ IC ☐	
• **Techos** sin grietas, desconchados, manchas o humedad	C ☐ IC ☐	
• **Lámparas** con protección y limpias	C ☐ IC ☐	
• **Estanterías** sin óxidos o deterioros y limpias	C ☐ IC ☐	
ESTIBA		
• **Ausencia de productos en el suelo**	C ☐ IC ☐	
• **Separación de productos no alimenticios**	C ☐ IC ☐	
• **Productos sin envasar tapados**	C ☐ IC ☐	
• **Ausencia caducados**	C ☐ IC ☐	
• **Orden** adecuado y ausencia de objetos extraños	C ☐ IC ☐	

ZONA DE BARRA

• Estado de **mantenimiento y limpieza** correctos	C ☐ IC ☐	
• **Plancha, parilla** en buen estado y limpias	C ☐ IC ☐	
• **Dotación adecuada del lavamanos** (jabón y papel)	C ☐ IC ☐	
• **Pinchos protegidos**	C ☐ IC ☐	
• **Vitrinas de pinchos** y/o tapas en buen estado y limpias	C ☐ IC ☐	
• **Temperatura correcta:** lectura/medición	........../..........	

COMEDOR

• Estado de **mantenimiento y limpieza** correctos	C ☐ IC ☐	
• **Mobiliario** en buen estado	C ☐ IC ☐	
• **Vajilla, cubertería** en buen estado limpia y protegida	C ☐ IC ☐	
• **Mantelería** en buen estado y limpia	C ☐ IC ☐	
• **Expositor de postres** en buen estado y limpio	C ☐ IC ☐	
• **Temperatura:** lectura/medición	........../..........	

C: Correcto IC: Incorrecto

Observaciones:..

....

....

SERVICIOS HIGIÉNICOS DEL PERSONAL

		MEDIDA CORRECTORA
• **Suelos, paredes y techos** en buen estado y limpios	C ☐ IC ☐	
• **Sanitarios** en buen estado y limpios	C ☐ IC ☐	
• Ausencia olores	C ☐ IC ☐	
• Jabón líquido	C ☐ IC ☐	
• Toallas de papel y/o secadores aire	C ☐ IC ☐	
• Papeleras	C ☐ IC ☐	

SERVICIOS HIGIÉNICOS DEL PÚBLICO

• Suelos, paredes y techos en buen estado y limpios	C ☐ IC ☐	
• Sanitarios en buen estado y limpios	C ☐ IC ☐	
• Ausencia olores	C ☐ IC ☐	
• Jabón líquido	C ☐ IC ☐	
• Toallas de papel y/o secadores aire	C ☐ IC ☐	
• Papeleras	C ☐ IC ☐	

VESTUARIOS DEL PERSONAL

• Estado de limpieza y mantenimiento correctos	C ☐ IC ☐	
• Ordenado	C ☐ IC ☐	
• Taquillas en buen estado	C ☐ IC ☐	
• Separación ropa de trabajo y de calle	C ☐ IC ☐	
• Ausencia de objetos extraños	C ☐ IC ☐	

C: Correcto IC: Incorrecto

Observaciones:...

....

....

....

APPCC

HIGIENE PERSONAL

		MEDIDA CORRECTORA
• Indumentaria de uso exclusivo y limpia	C ☐ IC ☐	
• Calzado adecuado y limpio	C ☐ IC ☐	
• Uso de cubrecabezas	C ☐ IC ☐	
• No utilizan joyas	C ☐ IC ☐	
• Manos y uñas limpias	C ☐ IC ☐	
• Heridas protegidas (en su caso)	C ☐ IC ☐	

BASURAS

• El cuarto o espacio destinado a basuras se encuentra en adecuado estado higiénico y de mantenimiento	C ☐ IC ☐	
• Contenedores limpios y con tapa hermética	C ☐ IC ☐	
• Ausencia de olores	C ☐ IC ☐	
• Ausencia de restos desperdicios fuera de los contenedores	C ☐ IC ☐	

REVISIÓN MEDIDAS DE LUCHA CONTRA PLAGAS

• Todos los huecos tapados	C ☐ IC ☐	
• Mallas de ventanas en buen estado, sin roturas	C ☐ IC ☐	
• Aparatos eléctricos en funcionamiento y con las bandejas recogedoras en buen estado	C ☐ IC ☐	
• Ausencia de insectos, heces, roedores muertos, o alimentos comidos	C ☐ IC ☐	

C: Correcto IC: Incorrecto

Observaciones:...

....

....

Fecha:.......................... *de* .... *de 2004*

Firma Responsable:

INSTRUCCIONES CUMPLIMENTACIÓN FICHA REVISIÓN GENERAL

- ✓ Esta ficha deberá adaptarse a las instalaciones, equipos, locales, etc. presentes en el establecimiento. Así, por ejemplo, se suprimirán los apartados de servicios higiénicos del personal manipulador, vestuarios, etc., en caso de no disponer de ellos.

- ✓ Esta revisión deberá ser efectuada por el responsable del establecimiento, o en su caso, por un técnico de empresa asesora externa, al menos, una vez al mes.

- ✓ Deberán reflejarse todas las anomalías detectadas durante la revisión, así como las medidas correctoras adoptadas.

Páginas web y direcciones de consulta

Las siguientes direcciones y enlaces pueden ser interesantes para ampliar y contrastar datos. Hay desde direcciones y enlaces de organismos de todos los ámbitos de la administración pública (europeos, nacionales autonómicos y locales), hasta páginas de empresas privadas, pasando por organismos internacionales. Además, resulta interesante contactar con las diferentes Consejerías de Sanidad de cada Comunidad Autónoma para cualquier consulta:

Webs:

www.aesan.msc.es

www.codexalimentarius.net

www.efsa.europa.eu

www.natureduca.com

www.gencat.cat/salut/acsa

www.autonomoastur.net

www.fehr.es

www.hosteleriadigital.es

www.funprl.es

www.insht.es

Enlaces:

http://tematico8.asturias.es/seguridadAlimentaria/

http://www.consumer.es/alimentacion/

http://pagina.jccm.es/sanidad/salud/index.htm

http://www.fao.org/docrep/005/y1390s/y1390s0a.htm

http://pagina.jccm.es/sanidad/salud/agroalimentaria/mrestauracion.pdf

http://www.madrid.org/cs/Satellite?cid=1142330358356&language=es&pagename=PortalSalud%2FPage%2FPTSA_pintarContenidoFinal&vest=1156826985659

Bibliografía

Manual de aplicación del sistema APPCC en el sector de la restauración colectiva en Castilla-La Mancha.

Guía de prácticas correctas de higiene en los comedores colectivos gestionados por la Junta de Extremadura en los centros escolares. Consejería de Sanidad y Consumo de la Junta de Extremadura.

Guía de prácticas correctas de higiene en hostelería. FEHR y Ministerio de Sanidad y Consumo. 2000.

Armendáriz Sanz, José Luis. *Seguridad e higiene en la manipulación de alimentos*. Editorial Paraninfo. 2008.

De las Cuevas, Victoria. *APPCC aplicado a la restauración colectiva*. Editorial Ideas Propias. 2006.

Gallego, Jesús Felipe. *Gestión de alimentos y bebidas para hoteles, bares y restaurantes*. Editorial Paraninfo.

Gallego, Jesús Felipe. *Manual de Higiene y seguridad alimentaria en hostelería.* Editorial Paraninfo. 2004

VVAA. *Formación y Orientación laboral: FOL de grado superior.* Editorial Santillana. 2009.

VVAA. *Formación y Orientación Laboral de Grado medio*. Editorial Thomson Paraninfo. 2006

Guía práctica de seguridad alimentaria. Instituto Silestone. 2009

VVAA. *Manual manipulación de alimentos e higiene alimentaria*. Formación para el empleo. Editorial Cep. 2011.

Guía de buenas prácticas higienicosanitarias en restauración colectiva. VVAA. Dirección general de Salud de Murcia – Consejería de Sanidad y política social. 1998.

VVAA. *Proyecto para convalidación de centros educativos donde se imparta el módulo de seguridad e higiene en la manipulación de alimentos*. Centro educativo Fuenllana. IES Escuela Superior de Hostelería y Turismo de Madrid. 2010.